Hot Cha-cha-cha!

Just to look at Ricky Martin is to know that he is *hot cha-cha-cha*! You may know that this *hombre guapo* began his career in the controversial all-boy group Menudo and that he starred in *General Hospital*, but there's so much more to Ricky than that.

Read on and discover:

- Why his Puerto Rican heritage is so important to him
- How several near-death experiences changed his life
- What role spirituality has played along the way
- Where his sexy tattoo is hidden
- What he looks for in a woman
- And what the constellations have to say about him!

Plus there's fabu quotes, *muy caliente* photos, a discography and awards list, and guides to his most favorite Puerto Rican foods and forms of Latin music!

RICKY MARTIN

Livin' La Vida Loca

LETISHA MARRERO

HarperEntertainment
A Division of HarperCollinsPublishers

📖HarperEntertainment
A Division of HarperCollins*Publishers*
10 East 53rd Street, New York, NY 10022–5299

ISBN 0–06–102056–7

Cover photo © 1999 by Andrea Renault/Globe Photos Inc.

First printing: August 1999

Printed in the United States of America

Visit HarperEntertainment on the World Wide Web at
http://www.harpercollins.com

10 9 8 7 6 5 4 3 2 1

This book is dedicated to:

mi hermanita, Camille, for your irrepressibly humble spirit to which I aspire. But most of all, for being my best friend. And to Mami and Papi, for supporting my dreams amidst the darkest of times while I mustered the courage to punch through.

Acknowledgments

I am humbly indebted to:

Lara Comstock, Hope Innelli, and the HarperCollins crew for bestowing me with blind faith and creative license;

Michelle M., Armand L., and the editors at *Latina*, for recognizing me *sin perjuicio*, and giving my writing career new-found direction! And to Sandy F., big ups to you!

Victor, Veronica, Andrew, and Robbie Marrero—for being devoted family and for your serendipitous trip to PR;

Carmen C., for your love, support, and eleventh-hour *ayuda*;

Thaddeus D., my forever "go-to" guy;

Pamela C., for your psychic powers and endearing contribution;

Fire Marshall Mel, for both igniting the fire within me and extinguishing the flames of self-doubt for me. Not to mention your vital moral and tech support in the midst of all the *mamarracho*!

Contents

RICKY MARTIN

Livin' La Vida Loca

Introduction:

Notes from a True Fan

I admit it: I am one of Ricky Martin's biggest fans—enough of a fan to write this book. In high school, as a self-proclaimed "mod," I sported one of those "Menudo Sucks" stickers on my notebook. And yes, I was skeptical when he first popped up on *General Hospital*. Could he really act? I wondered.

But listening to Ricky's music during the last few years has really won me over. He has discovered a maturity, fusing together layers of syncopation with the rich sounds of Latin music. And instead of watering it down, he has let it breathe so it becomes richer over time, like a fine wine. As for me—my own musical taste broadened, and my cynicism melted. I have now discovered a new respect and esteem for the *boricua* who is considered by many to be the Latino Ambassador to the world right now.

Suddenly I find myself smiling as I write this—not with sarcasm, but with the national pride of a fellow Puerto Rican.

Now, when his television commercial for Puerto Rico comes on and Ricky invitingly commands us to "Come to *Mi Puerto Rico*," though technically, it's my island, too, I find myself reaching for my duffel bag. That powerful magnetism and charisma Ricky Martin possesses are indeed rare to find. If you don't reach out and grab it first, it's the kind of magic that will grab you!

My theory proved dead-on at the forty-first annual Grammy awards this past February. Most of the pre-Grammy buzz hailed 1999 as "The Year of the Woman," and everyone was talking about how hip-hop's divine Lauryn Hill would preside over the ceremonies. Yet for the first time in Grammy history, with almost no prior mention, a Latin performance was included in the live telecast. And without warning, Ricky Martin managed to turn it into his personal oyster—from which he emerged a glorious pearl, brighter than even his trademark smile.

Whereas other notable performers, including Madonna, whose geisha-girl opening act was her first-ever Grammy appearance, got only polite applause, Ricky earned the evening's only standing ovation after his elaborate staging of his smash hit "La copa de la vida." As Ricky transported us to a four-minute *carnaval*, complete with a conga line parading rhythmically down the aisles, the "been-there, done-that," well-coifed gliterrati jumped out of their seats. Even Puff Daddy's jaw dropped. Jennifer Lopez *and* Jennifer Love Hewitt were beaming. A genuine roar from the stunned crowd followed, as if to say, "Thank you for waking us up, Ricky!" Jimmy Smits summed it up best immediately afterward: "Ricky rocked the house!" After such a rousing display it was almost anticlimatic when Ricky accepted the award for Best Latin Pop Performance. If you were anything like me, you were half-hoping he'd break out into song again! Ricky was bubbling after the show, and with good reason: Madonna practically tackled him with kisses backstage for a job well-done, and "to see Will Smith doing the jiggy with my song! It's overwhelming," he told *Time* magazine. All of a sudden, he was the Golden Child of the evening. And just like that, 1999 turned into the Year of Ricky.

Not since Michael Jackson performed "Billie Jean" on the Motown twenty-fifth anniversary show more than fifteen years ago has a single performance caused such a ruckus. There is no denying that what we witnessed that night was only a sign of the great things to come for Ricky Martin. He heads into the new millennium toting his first English-language album, and he's recorded a duet with Madonna, who is notorious for spotting a trend the micromoment before it happens.

Ricky explains that the purpose of his first single, "Livin' La Vida Loca," was "to personify my life because I lead a life of insanity." But in light of recent events it doesn't look like the madness is going to stop anytime soon. The debut of both that song and its video in April created such a buzz that MTV has touted Ricky Martin as the "Next Big Thing." His steamy video is blowing up the *Total Request Live* countdown as callers and e-mailers alike beg for more Ricky Martin! Finally, the rest of America is getting a glimpse of what millions of fans across Europe, Latin America, and even the Far East have been raving about for years. They're catching on quickly: Ricky rules!

1

From Not-So-Humble Beginnings

If you ask Ricky, he remembers his childhood as being relatively normal. But how many kids know from age six that they want to be a star? Ricky did. He had boldly announced to his father, "Daddy, I want to be an *artiste*." His father's response was understandable. "He went crazy because nobody in my family was in show business," explains Ricky. Far from it, as a matter of fact. His father was a psychologist, and his mother a legal secretary. But Ricky was already determined to make it happen. Reminiscing about the days before his innocence was lost, Ricky

Martin thinks of his *islita* —little island—and all the good feelings that come with it.

Enrique José Martin Morales was born in Hato Rey, a suburb of San Juan, Puerto Rico, on the evening of December 24, 1971. Christmas Eve in Spanish is called *Nochebuena*, or "the good night." And what a good night that must have been! But the joy was not to last. His parents, Enrique Martin and Nereida Morales separated when Ricky was just two; it was an amicable split and the two shared joint custody of Ricky. So "Kiki," as his near and dear ones called him, alternated staying with each parent and enjoyed the fact that both of them supported his youthful dreams. One such dream was Ricky's affinity for performing in public. So, with his obvious boyish charm, Kiki became a child model, acted in children's theater, and sang in a choir. Within a year's time, he got a taste of what it's like being in front of a camera when he shot his first TV commercial. He was immediately hooked.

Even during his "play time," Ricky fine-tuned his chosen craft. He was known for producing neighborhood theater. "I used to round up the neighbors and do theater on the street with my friends," Ricky told *People en Español*. "We wrote everything ourselves and I would make my entrance with my arms up high and exclaim, 'I am a tree and I give shade and oxygen to the planet.'" Quite clearly, this guy loved hamming it up in front of an audience.

When Ricky learned that the group Menudo, which had a popular morning TV show in Puerto Rico, was looking for a new member, Kiki knew he had to get in on the action. He anxiously auditioned twice, but was rejected both times on account of his small size. But that didn't discourage the little tyke at all. There had been a two-year search for someone to replace the original "Ricky"—Ricky Melendez, who was one of the founding members of the group. Finally, in 1984, when Ricky Martin was just twelve years old, he beat out 500 other applicants, proving that the third time really is a charm. And just like that, young Enrique José Martin IV, shed the nickname Kiki and went on to become Ricky #2.

Joining Menudo was an absolute dream come true for Ricky, who drooled at the mere thought of traveling around the world and becoming a star. And he didn't have to wait long for that to happen. The day after his parents signed the contract, Ricky was on a plane headed for Orlando, Florida, where the group was filming a public announcement. "It all happened so fast," he told *People en Español*. "One day I was riding my bicycle in the park, and the next I was on stage singing in front of 200,000 people."

But Ricky didn't even think twice about leaving his family behind or what that might mean to him later. "I was so enthusiastic about being part of the group that even my parents were surprised about how easily I could distance myself from them. It seemed unreal to them that a child who was so mild-mannered, and loved being home so much, could leave without any regrets," he said.

But that is precisely what Ricky did. With reckless abandon, determination, and an abundance of fresh-faced charm, Ricky embarked upon a five-year jaunt as a key member of Menudo—a journey that would shape him in many ways, and haunt him in others, for the rest of his young career.

2

Days of Menudo

*B*efore it got hot enough for 98°, 'N Sync, the Backstreet Boys, New Kids on the Block, or any of the other all-boy groups that hit the scene, Menudo was paving the way. This group took the word "gimmick" to the max. Edgardo Diaz, the man who started Menudo in Puerto Rico in the late '70s, packaged the group into a rotating Mickey Mouse Club. In order to retain its youthful appeal, the group required that "senior" members "retire" once puberty—a voice change or too much facial hair—caught up with them.

By time Ricky Martin entered the picture in 1984, Menudo, which is Puerto Rican

slang for "small change," had already gone
through twenty members, had become a
multi-million dollar enterprise, and was
just about to make its big entrance into the
U.S. English-speaking market. Ricky was
twelve years old, "but I looked like I was
eight!" he said. So it seemed like from the get-
go that Ricky would enjoy a long stint with
the group.

But even Ricky admits that the group's
bubble-gum formula had its pitfalls. "True, it
was commercialism to the highest degree, and
I'm not extremely proud about it," Ricky told
the *Los Angeles Times*. "But I don't have to apol-
ogize either. It was a great school for me." The
reality is that it was a bit like military school at
times—with a dash of charm school thrown in
there for good measure. The boys were
coached as to what to wear, what to sing, and
even how to act. Diaz, a demanding manager
who made it clear that he was the guy in
charge, hired a team of song writers, choreog-
raphers, and costumers to make sure his vision
was realized. The boys were given tutors to
school them on the basics—not only academics,
but even down to what utensils to use at the
dinner table!

It was easy to exchange some of these free-
doms for the stardom it earned him at the
beginning. As Ricky confessed he was in it for
the fame . . . and the honeys. "I didn't want to

be a singer. What I wanted was to be in Menudo. I wanted to give concerts, to travel, to meet the pretty girls," said Ricky. It didn't take him long to become a ladies' man either. With his adorable face and winning personality he charmed many a young girl's heart both near and far. Looking back, Ricky says he got all of that player-mentality out of his system. "When I was with Menudo, we had many girls. I went through that already. Now I have other priorities, and they are to live one day at a time. I'm not dating, but I am growing up," he told *People* magazine.

Once he became a full-fledged member of the group, there was very little time to be with his real family. Living the Menudo lifestyle meant touring up to nine months a year, sometimes rehearsing as many as sixteen hours a day, with Edgardo Diaz calling the shots. This grueling schedule caused a real rift between Ricky's parents back home, who had been happily sharing joint custody. But with Ricky's increasingly infrequent visits, they began to bicker constantly about who would get to spend time with their son. Ricky told *People* magazine, "I had everything I ever wanted, but my family was falling apart. Before that, I was the glue that kept them friendly toward each other." It all came to a head one day when Ricky's father asked him to choose sides. Barely fifteen years old, Ricky was furious.

"How do you ask a child that?" Ricky years later asked rhetorically. In an act of rebellion, Ricky decided to be with his mother. He was so resentful of his father for putting him in the position of choosing that they didn't speak to each other for nearly ten years.

Ricky found himself focusing more on Menudo during this time. But despite all the fame and fortune, and despite the fact that he was doing exactly what he had always dreamed of doing, growing up within the confines of Menudo did have drawbacks for someone as creative as Ricky. The former neighborhood playwright and producer was becoming more and more frustrated with the lack of individuality he was allowed to display. He says, "Our creativity was stifled." Some of the guys—like Ricky's pal Robi Rosa, who was a Menudo member during this time period, too—had tried writing their own songs, but Diaz would not allow the boys to perform their work. "We began to question the need for rehearsing the same routines over and over," Ricky told *People* magazine.

However, all the boys' hard work seemed to be paying off. Menudo was gaining ground in the United States. With the release of their first English-language album, *Reaching Out* in 1984, Menudo had broken into the Anglo market in a big way. The group even made a guest appearance on the popular TV series *The Love Boat*.

Ricky's big opening line was (drum roll, please), "And I'm Ricky!"

Over the years, Menudo tried to stay hip with the times, even going through an edgier, rock 'n' roll phase in the late '80s—making way for shiny leggings, tight acid-washed jeans, and wraparound belts. Group members wore crop-tops, headbands, spiky bi-level haircuts—the works. They had even recorded a Spanish cover of the KISS song, "I Was Made for Loving You." (Ay! Sweet child of mine!)

When it was time for Ricky to retire, he was ready for it. "I gave Menudo all I had," says Ricky, "and when I felt it was the moment to part with them, I left completely convinced that I was ready for another stage of both my career and my life."

So, on July 10, 1989, exactly five years from the day he started, Ricky left the group. "The experience of Menudo turned out to be wonderful; it gave me more than it took out of me. It taught me what it is to be disciplined, something that I still practice today."

But what Ricky would do next was as much of a mystery to him as it was to his fans. For the first time in five years, he would be calling his own shots. But first, he'd have to find out who Ricky Martin—without the Menudo banner behind him—really was.

3

Going Solo

After his retirement from Menudo, the inevitable question of what to do next loomed in Ricky's mind. After all, Menudo had not historically been a launching pad for outstanding solo careers. Even the founder of Menudo, Edgardo Diaz, admitted to the *Chicago Tribune*, "Not all the boys will be artists for the rest of their lives, nor will they all learn the same things. But we teach them the power of hard work." In other words, there was no retirement plan. No Menudo Anonymous support groups either. Once you were out of the group, you were left only with the tools you developed. Sink or swim. And in deep water is exactly where Ricky Martin found himself.

"It was like a shock, to be on my own after many years of touring," he told the *Los Angeles Times*. So, instead of dog-paddling, Ricky chose to drown himself in anonymity for a while. "I disconnected myself from the artistic world for a year, for reflection, catharsis, and maturity. It was necessary because my first five years in the business were very intense." In other words, homeboy needed a rest and time to decide on his future.

Ricky had wisely saved up all the money he'd made in Menudo, which amounted to a small fortune, so he had plenty to live off for a while. But first, Ricky took six months to complete his high-school education in Puerto Rico, and then he took a little trip to New York City. What started out as a short ten-day vacation turned into a six-month temporary relocation. Ricky called his mother and said, "Mami, I'm staying." To which he remembers his mother saying, "Ay! Are you crazy, boy?!" Perhaps he was, but the break was from it all was really relaxing and healthy for him.

"I was tired and confused. I didn't know whether I wanted to be a singer or a carpenter," he told *People en Español*. So he rented an apartment in Astoria, Queens, which was a primarily Greek neighborhood, and lived there namelessly for a while (which can be amazingly easy to do in

New York City). He did "absolutely nothing," except laze about and catch up on his poetry reading. When he did go out, it was going to the movies, and concerts or just taking long walks.

"I wanted to get to know myself," Ricky told the *Los Angeles Times*, "because the first five years of my career had been a nonstop barrage of euphoria and adrenaline and a lot of mixed feelings." For the first time in his young life, Ricky could saunter through the streets and just people-watch without having to worry about people watching him back.

But eventually, he got tired of not having a specific goal. He started taking acting and dance classes and did some modeling, but he really wasn't sure if he could totally get back on track. In fact, at one point, he declared he'd never go back on stage. But one person wouldn't let go: his mama. With her gentle nudging and sometimes even outright bugging—what mothers do best—it took Ricky only a year to get himself moving forward again.

In September 1990, Ricky went to Mexico to live with some friends. While there, he went to see a play starring one of his pals, Angelica Maria, called *Las zapatillas rojas* (The Little Red Shoes), a Mexican parody of *The Wizard of Oz*. Two weeks later, Angelica had invited Ricky to make his own theater debut in her next work, a musical comedy called *Mamá ama al rock* (Mom Loves Rock). "I didn't think it was going to be easy; well, not easy, but so sudden," he told *La Prensa de San Antonio*. "I had eight days to prepare for the show."

Even though Ricky had a leading role, he was comforted by the ensemble cast and the fact that the show was a musical. Word spread like Tabasco sauce that the ex-Menudo man had surfaced in Mexico as a tall, long-haired hot tamale, and soon the flocks of screaming girls were popping up at his play, chanting, "Queremos a Ricky rockero, lo queremos entero" (We love Ricky the rocker, we love him completely).

One night after a show, Ricky was approached by a producer named Luis de Llano, who offered Ricky a part in a television soap opera called *Alcanzar una estrella II* (Reaching for a Star). Since the show told the tale of a group of young musicians striving for fame and fortune, Ricky was confident he could slip into the part of the good-natured character named Pablo. With Llano's guidance and direction, the six cast stars formed a fictional band, *Muñecos de Papel* (Paper Dolls), which performed on the show—much like the Partridge Family did on its television show. When the show's ratings soared, Llano decided the group should record an album and do a few concerts "in character." They drew crowds of up to 65,000 people for a single performance. But the most amazing thing was that singing live in concert again convinced Ricky that his destiny was to be a performer. And suddenly, he fell back in love with making music.

Because of his newfound connections—specifically Angelo Medina, Jr., who is still his artistic manager today—Ricky had the means to record his first solo album in 1991. He had never been a stranger to hard work, so Ricky took quickly to spending his mornings filming the soap, his evenings performing a musical, and his weekends working on his album. The TV series eventually became popular enough to warrant a movie version (just as *The X-Files* series spawned a movie) called *Más que alcanzar una estrella* (More Than Reaching For A Star). But instead of sticking to the type of character Ricky played on TV, Ricky went flip mode. He played the bad guy, Enrique. (Imagine David Duchovny playing the Cigarette Smoking Man!) Well, apparently, Ricky pulled it off, because our man copped a Heraldo, the Mexican equivalent of the Oscar, for the performance.

From that point forward, Ricky stuck to music. However, nothing is ever a sure thing. Launching a successful recording career as a soloist was an overwhelming task, one that could send anyone into a panic attack. Especially since no other Menudo alumni had gone on to succeed solo before Ricky. The closest was Ricky's pal Robi Rosa—who now goes by the pseudonyms of Ian Blake or Draco Cornelius Rosa. Robi had starred in a dance movie called *Salsa* in 1988, which was widely perceived as derivative of the movie *Dirty Dancing*. Unfortunately, Robi was singled out for a Razzie award—Oscar's opposite, highlighting the worst of the worst—for his performance in it. Yikes!

But at least there was one bright spot in the whole experience: Robi met his wife, Angela Alvarado, on the set. Shortly afterward, blinded by love perhaps, the two of them went on to star together in a German film called *Real Men Don't Eat Gummi Bears*. (I'm not kidding—you can't make this kind of stuff up!) After a few solo album efforts, Robi then went on to prove himself as a far better behind-the-scenes kind of guy. Like Robi, Ricky was venturing in uncharted territories and could easily run the risk of becoming the butt of ex-Menudo jokes if his cards weren't played just right.

Ricky's debut solo album, safely titled *Ricky Martin*, was released in 1992. Due in part to his recent popularity in Mexico on stage and television, the album fared well: *Ricky Martin* lingered on the Latin pop charts for forty-one weeks and generated four hit singles: "Fuego contra fuego," "El amor de mi vida," "Vuelo," and "Todo es vida."

Two years later he went back to Spain to record a second album, *Me amarás* (You Will Love Me). However, this one wasn't as successful as he would have liked it to be. It evaporated on the Latin pop charts in just five weeks without even cracking the Top 20. Nevertheless, it produced two hit singles: the title track, "Entre el amor y los halagos" (Between Love and Flattery), and a Spanish rendition of Laura Branigan's 1984 hit, "Self Control," titled "¿Qué día es hoy?" Although both albums were successful enough in Latin America, and Ricky's young female fans remained loyal, Ricky's work was receiving lukewarm reviews. Musically speaking, he was taking relatively safe bets, and there was still a lingering taste of bubble-gum in his tunes.

But it was in 1993, while on an ambitious eight-month tour throughout Latin America — covering sixty cities in twenty countries — that Ricky experienced a real setback. Midway through the tour, he had to cancel shows because of poor ticket sales and a freakish streak of bad luck.

First, there was the video shoot of his second single, "Dime que me quieres" (Tell Me that You Love Me). During one of the last takes of the day, Ricky lost control of the Harley-Davidson he was riding. The motorcycle crashed into a barrier and caught on fire.

"I saw my death very near! I thought that I was going to die or at least that I would remain disfigured," he told his friend David de la Orta. Luckily, Ricky walked away with only a large bruise on his leg.

Although it was slight compared to the injuries he could have sustained, the bruise was bad enough to keep him laid up for a couple of weeks. Because it hindered his ability to move on stage Ricky had to cancel several performances including a few in Mexico, where his popularity first surged. Ricky headed to Argentina to regroup and revamp the tour. But his mom, Nereida, had a bad feeling about this trip, and as mom's intuition usually goes, she was right.

First, he was injured in an auto accident in Buenos Aires. When traveling from the airport to the hotel with his mother, his car was struck by a truck and sent hurtling off the side of the road. Miraculously he and his mother walked away from the accident with only minor injuries. But his mother still had a premonition that things would get worse before they got better. Indeed, they did.

Out of the blue, Ricky received death threats at his hotel. Throughout the tour everyone was on pins and needles. But Ricky pressed on. Ricky always tries to stay loyal to his commitments, so despite the death threats, he went to a radio interview as scheduled. When he came out of the radio station, Ricky was greeted unexpectedly by a mob which had congregated to catch a glimpse of the superstar. At once, Ricky found himself trapped in a riptide of hysterical screaming fans—which can be particularly scary if you think someone's out to get you!

But the madness didn't stop there. Ricky experienced a few more near misses, several of which happened in the air. One mishap took place in Argentina. Ricky and his crew were in a small jet engine plane that got caught in a heavy thunder storm and nearly lost control in the turbulence.

A few months later after Ricky had just returned to the United States, in an eerie twist of fate, the plane that Ricky had arrived on ran out of fuel and crashed—just moments after it had dropped him off in San Diego. The pilot died and false rumors of Ricky's death spread like wildfire among his fans. Though he thankfully survived both accidents, they have given Ricky cause to reflect. "I wasn't there, but [the plane crash] was very tough for me," Ricky told the *Los Angeles Times*. "Apparently, I still have a reason to be around."

Ironically, now some of Ricky's favorite activities involve being airborne—he loves paragliding and wants to learn to fly a plane. It's pretty amazing when you think about what he's been through!

Ricky has never been one to let Fate keep him down, and soon his luck would take a 180-degree turn. It seems he was destined to stay on the ground and in the States—at least for a little while.

4

Checking into General Hospital

Ricky's singing career limped along on the heels of *Me amarás*. While he probably could have stayed in Latin America living comfortably on royalty checks, he longed for something more. Who would have thought that his big break in the U.S. would occur on daytime television?

In 1994, Ricky made a guest appearance on a short-lived sitcom called *Getting By*, and a few months later, made a TV pilot called *Barefoot in Paradise*, which like many pilots, never made it onto the air. No matter though—he was entering daytime television. To land Ricky a role on television's longest-running soap opera, *General*

Hospital, Ricky's personal manager, Ricardo Cordero, sent videos and records to the ABC producers and invited several of the bigwigs to Ricky's sold-out concerts in South America. And guess what—it worked!

Enter Miguel Morez, a dark, brooding character who mysteriously shows up in Port Charles from Puerto Rico after being separated from his long-lost childhood sweetheart, Lily. With his long, flowing locks, Ricky looked like he'd stepped off the cover of a romance novel. He was like a Puerto Rican Fabio. Women were instantly drawn to him—forget about the fact that he was never given more than three lines to say at a time, perhaps to hide his lingering accent. Miguel was intended to be a hospital orderly at first (could you really imagine Ricky changing bedpans?), but when the producers discovered Ricky's gift for words, Miguel's actual debut involved talking another character out of suicide. He then settled in more comfortably as a bartender at the show's bar, "The Outback," and as all fictional bartenders do, he spent more time listening to other cast members' personal problems than mixing drinks. But these bar scenes helped open opportunities for Ricky to sing on the show.

At the time, he and his costar, Lily Melgar, were two of the only three Latinos on daytime television (Diego Serrano, a hot biscuit on *Another World*, was the other). So, in a way, Ricky helped break the Latino stereotype in

Hollywood, which had consistently portrayed Latinos as gang members and drug dealers.

When Ricky's character, Miguel, was reunited with his estranged love, Lily, who was also the muse for his music, the two were determined to return to Puerto Rico to find their son, whom Lily was forced to give up for adoption by her mobster father (okay, so much for the abandonment of the Latino stereotype). After a brief kidnapping by Lily's father (what's a soap opera without a good kidnapping sequence?), the couple returned to Port Charles, but of course, things were never the same between them. They ran into relationship problems when Lily insisted they have another child right away to make up for their loss. Miguel, by that time, was way too focused on his new-found singing career.

As a matter of fact, at one point, the legendary Julio Iglesias even made a cameo appearance, crossing paths with Miguel at the fictional L&B Recording studio, no doubt to offer some "fatherly advice" on successfully navigating the music industry. The producers of the show had even worked an opportunity for Miguel to perform a megaconcert in his native Puerto Rico into the story line—something the real Ricky could relate to, of course.

And what's a soap opera without the inevitable love triangle? It was Miguel's nemesis, Sonny Corinthos, who first tracked down

Lily in order to keep Miguel from moping around and from getting involved with Sonny's girlfriend Brenda, the "B" of L&B Records. But it was Brenda who would turn green with envy every time she saw Sonny and Lily together. Go figure. Brenda betrays Sonny, Lily rats on Brenda, Miguel is disgusted.

Sonny gets the girl—Miguels' Lily—and marries her. Miguel exits and the rest is soap opera history. Of course, Miguel Morez wasn't killed off, so technically the door is still open for a dramatic return to *General Hospital*. But Ricky is doubtful he'll ever go back to Port Charles. Too many other career challenges await him. Right after *GH* Ricky landed the chance of a lifetime: to star in the megamusical *Les Misérables*. And, baby, once you've hit Broadway, "you cannot go back," admits Ricky. What other *GH* alumni have moved on up since leaving Port Charles besides Ricky? Check this out. The list will blow you away.

SIX DEGREES OF *GENERAL HOSPITAL:* THE CAREER LAUNCHING PAD

Here's just a brief list of the some of the more notable stars whose careers either started or were remade in Port Charles. Some began as teen idols just as Ricky did, some didn't. But they all have something in common with Ricky:

NAME	CLASS OF	CHARACTER	BUT CAN THEY SING?	RICKY PARALLELS
Shaun Cassidy	1987	Dusty Walker	Yes	Also had to shake off a squeaky-clean image as he made transition from Hardy Boy actor to pop singer, sending teenage girls into a frenzy in the '70s.
John Stamos	1982–1984	"Blackie" Parrish	Yeah, kinda	*General Hospital* launched his career as a heartthrob. Made *People's* "50 Most Beautiful People" in 1990. Also did Broadway in *How to Succeed in Business Without Really Trying!* in 1995.

Name	Class of	Character	But can they sing?	Ricky Parallels
Antonio Sabato, Jr.	1992–1995	"Jagger" Cates	We don't care; we'll buy it!!	Shared screen time with Ricky on GH as another piece of ethnic eye-candy that made for lustful afternoon delights. Both have worked with Janet Jackson (Antonio: Jackson's video, "Love Will Never Do;" Ricky: Pepsi commercial); both wear top designers' clothes well (Antonio: Calvin Klein; Ricky: Armani), and can make women faint by taking off their shirts.
Rick Springfield	1981	Dr. Noah Drake	Yes	Another daytime actor turned singer who won a Grammy in 1982. Do you think "Maria" was once "Jesse's Girl"? (Just asking.)

NAME	CLASS OF	CHARACTER	BUT CAN THEY SING?	RICKY PARALLELS
Jack Wagner	1983–1991, 1994	Frisco Jones	Jury's still out	*Melrose Place* bad guy who also briefly flirted with a singing career.
Mark Hamill	1972–1973	Kent Murray	Sang "Guys and Dolls" in a guest appearance on *The Simpsons*	The "star" of Star Wars became an intergalactic sensation overnight with one smash hit—in Hollywood.
Demi Moore	1983	Jackie Templeton	Thankfully, no	Both were voices in Disney animated films (she was Esmeralda in *Hunchback of Notre Dame*; Ricky was the Spanish version of *Hercules*); Ricky says he would drop everything to star in a movie with her.

Name	Class of	Character	But can they sing?	Ricky parallels
Liz Taylor	1981	Helena Cassadine	She's a living legend. Does it matter?	Both are staunch supporters of AIDS awareness and finding a cure. Plus, I just had to throw her in there, because she's cool!
Tia Carrere	1985–1987	Nurse Jade Soong Chung	At least she can rock a guitar	Both were born on American tropical islands (she in Hawaii and he in Puerto Rico).

5

Giving Regards to Broadway: From Miguel to Marius

*I*t was widely publicized and highly anticipated. There were giant posters plastered all over downtown. It was more of a commercial success than it was a critical triumph, leading the creator of this work to say, "All the reviews are reactionary and more or less hostile." But critical opinion aside, public interest was feverish. People literally fought hand over fist to snag copies of the work for themselves and for their customers. Long lines and traffic jams crippled the city as people flocked to buy one of the exclusive 48,000 copies on sale the first day of this work's release.

What are we talking about here? No, we're

not describing Ricky Martin's first English-language album. We're talking about an event that took place in nineteen-century Paris—the debut of Victor Hugo's famous novel *Les Misérables*.

Ironically enough, a similar frenzy occurred more than hundred years later, in 1985, when the musical version of Hugo's novel opened in London. Despite poor reviews *Les Misérables* the musical touched a chord with the common folk. Its great success was built largely on word of mouth. Since then, the popularity of both the book and the musical have reached global proportions.

As you can see, the parallels to our man, Ricky Martin, are pretty evident. Up until recently, Ricky was always more popular with the public than with the critics, which is perhaps why it meant so much to him to arrive on Broadway.

"I think, modesty aside, I am at another level. I have made it to Broadway, which is something so lovely. I have made a quantum leap." For Ricky, *Les Misérables* was yet another dream come true . . . and to think it happened almost by accident.

While Ricky was in Florida promoting the release of his third album, *A medio vivir*, at the MTV Latino studios, he was interviewed by the *Miami Herald*. The reporter asked him, "What is it that you have to do before you die?"

And Ricky's response was: "Broadway. Broadway is the place to be." Lucky for him, Ricky didn't have to flirt with the devil to make his wish become a reality. Richard-Jay Alexander, the executive producer of *Les Miz*, read the article with piqued interest and immediately called Ricky up. They met, and Ricky banged out a few tunes in what turned out to be a makeshift audition. Right there, on the spot, Alexander told him he got the job—playing the part of Marius.

Les Misérables is a compelling and gripping story set to beautiful music, which is why it has had such a successful run on Broadway for ten years and counting. What makes *Les Miz* so different from the modern-day musical is that every line is sung rather than spoken, much like opera. Making one's theater debut in one of the most triumphant and complicated musicals on Broadway is a bit scary, even for someone as talented as Ricky. His chops definitely had to be in top form. Although he did not play the lead, the role of Marius is a pivotal one. To make sure that he nailed his performance, Ricky saw *Les Misérables* twenty-seven times. "In the theater, there's lighting, moving, singing and dancing to worry about, and I wanted to do my homework," Ricky told *Soap Opera Magazine*.

Ricky also got some "extra credit" for reading the original novel by Victor Hugo to totally understand his character. While much of

Marius's background as a young idealistic student of the French Revolution isn't fully revealed in the musical, it is integral to defining and playing the character. In Ricky's own words: "The character goes through a lot of changes. He's a rich kid from the suburbs, and he goes to the city and all of a sudden, he's dying of hunger. Then, his friend dies in his arms, and he meets some great guys who become his friends, but they all die, too." This last scenario sets the stage for Marius' somber song of "Empty Tables, Empty Chairs," the moment in which Ricky's character realizes the horrors and consequences of war.

But before that, he falls in love with Cosette, the adopted daughter of the lead character, Jean Valjean, who is on the lam from the bad guy, Javert, who has been trying to track Valjean for nineteen years. The young couple is separated, but Marius is constantly consumed by thoughts of Cosette, with whom he sings a duet, "A Heart Full of Love." But his tomboyish friend Eponine is secretly in love with him. She reluctantly agrees to help him find Cosette. On her way back to the barricades after delivering Marius's love letter, Eponine is shot, and winds up dying in Marius's arms. In this poignant moment Marius sadly serenades her with "A Little Fall of Rain."

As the story progresses, the rebels are attacked behind the barricades after running out of ammo, and all are left for dead, including Marius. Valjean, the man who would be his father-in-law, sees Marius and carries his wounded body through the sewers to safety. When Marius awakes, he finds himself in Cosette's loving care, not knowing who his rescuer was. On his wedding day, Eponine's shady parents try to blackmail him with "proof" that Valjean is a murderer by producing a ring stolen from a "corpse." But guess what? Marius recognizes it as his own ring, and realizes Valjean is the valiant man who saved him.

It is a tremendously powerful story with many emotional highs and lows throughout, although the bulk of Ricky's emotional moments occur in the second act. Up until the time Marius makes his grand entrance fifty minutes into the play, Ricky plays three other roles: a convict in the prologue, then a farmer, and a policeman. "It's incredible, because it allows me to warm up before I portray Marius," Ricky told *Soap Opera Weekly*.

But Ricky didn't have much time to warm up for the play. He had only eleven days to learn his lines and movements, due to the heavy touring schedule, which was already underway to promote his latest CD, *A medio vivir*, released in 1995. After wrapping *General Hospital* in Los Angeles, he flew to New York, where he rehearsed for six days, was off to Spain to perform several concerts, then it was back to

New York once again for four more days of rehearsal. An annoying case of laryngitis, exacerbated by flying, only added to his pre-stage jitters.

Thankfully, Ricky's voice returned just in the nick of time for opening night. The packed house included salsa legend Celia Cruz. But for Ricky, the most special guest of honor in attendance that night was his grandmother, who put aside her fear of flying to travel from Puerto Rico just to see him.

Afterward, Ricky let out a sigh of relief and admitted that he was "scared to death." Even though he was a consummate professional who had been performing in front of crowds for years, Broadway left him with a different feeling altogether, one he couldn't quite put his finger on. "I don't know. I've felt nervous on other occasions, but this time the sensation was a bit different." Despite feeling overwhelmed, he pulled it off and even managed to make an impression on the critics. Afterward, Celia Cruz said, "It's not the first time that Hispanics have arrived on Broadway . . . but for Ricky to land this role is a marvel." And we can rest assured that Grandma was brimming with pride, too.

Ricky's limited engagement lasted from June 24 until September 8, 1996, during which he performed eight shows a week. "My only day off is Sunday," Ricky told *Billboard* magazine. "So, I walk a lot, and it helps to sit on a bench in a park and start writing—perhaps describing faces that I see. It's very relaxing. I need to be alone, and this is the perfect city." (It really *is* easy to get lost in New York!)

But afterward, there was little time to rest. Ricky still had an album to promote! As he was wrapping up his stint on Broadway, *A medio vivir* was picking up speed. One little ditty in particular called "Maria" was driving its success. Little did Ricky know that it would keep him on the road for nearly two years, and after that, it would set the break-neck pace for the rest of his solo career.

6

On the Road and Around the Globe

*E*ven though Ricky was accustomed to grueling tour schedules from having been on the road with the tightly regimented Menudo, being on stage as a soloist can be overwhelming. When asked what it feels like to be the most listened-to Latin artist in the world, Ricky responded: "It's a joy, but also a very big responsibility. Knowing that in Istanbul, in Korea, or in France they sing your songs is a serious commitment." But somehow, Ricky always rises to the task. He'd already proved himself as a success in Mexico and Latin America, so why shouldn't he raise the bar for himself on the third album? Our little

Ricky was growing up. And in the process, he was maturing as a musician, too. Next stop: Europe.

Ricky recorded *Vuelve* immediately following his stint on Broadway in late 1996 when the popularity of *A medio vivir* was still in effect, in part due to his growth as an artist, and to his growing repertoire of more alternative songs. He was no longer singing sugar-coated tunes. Instead, his music reflected a slightly more rock and Latin flavor. Of course that little tune called "Maria" helped keep record sales high up in the stratosphere. In recording his third album, Ricky had hooked up with ex-Menudo member Robi Rosa, who wrote and produced a good portion of the songs, including "Maria." Thanks to remixer Pablo Flores, "Maria" was later transformed from a chugging, *flamenco*-laced tune into an uptempo *samba* stomp known as "Un dos tres, Maria." It became an instant party classic in and around the clubs and radio stations of Europe—ending up as the second-biggest selling single in 1997, and ranking number nine of *Music & Media*'s Top 100 of the year. Nearly a year after the album's release, *A medio vivir* still lingered just below the Top 10 of the Billboard Latin 50 Chart.

You couldn't go anywhere without hearing someone humming *un pasito p'alante*. Later, on an edition of MTV's *Total Request Live*, when host Carson Daly was introducing Ricky

Martin's "Livin' La Vida Loca" video on the countdown, the show's guest Geri Halliwell (the artist formerly known as Ginger Spice), impulsively began shaking her hips and broke out into that famous hook, "Un dos tres"— truly a mark of the impact this global anthem has had. Two years later, people were *still* singing its catchy hook. Even Ricky admits this was the song that propelled him to superstardom. "'Maria' is a song I am going to be singing for the rest of my life," he told *Billboard* magazine. "It gave me direction and logic."

The direction it took him in next was east— as in the Far East. He'd proven he could conquer Europe. Now it was time to broaden the spectrum even further. And if Ricky has learned to do one thing well, it's to be on center stage—all alone. In fact, he's grown to love it. "I need the immediate reaction I get from performing my music, and I'm gonna take care of it like it was my baby," he told *USA Today*, which is much different approach than the one he had back in the days of Menudo: "I was sharing the stage with five guys, and it was amazing. But now, I don't want to share the stage with anyone."

If you've ever seen one of Ricky's live shows, you know that it is quite a sight to behold. Tickets to his Sydney concert last November sold out in twelve minutes. Fireworks, a live fifteen-piece band, a Jumbotron television, and several wardrobe changes, each featuring an outfit clingier than the last are trademarks of his performance. And with just one sway of his hips, Ricky can send the crowd into a frenzy. That passionate rhythm that he exhibits on stage runs through Ricky's veins. He insists that nothing be prepackaged, as it was in the olden days. "My movements are not choreographed. It is what comes from my heart," he assures us. "I had choreographed dances in Menudo for six years . . . I don't want anymore choreographies." Whatever it is Ricky's serving his fans these days—they are taking it by the spoonful! Spontaneity really works!

7

Discography and
Awards

SOLO ALBUMS AND SINGLES

YEAR	TITLE	TRANSLATION	LABEL
1999	*Ricky Martin* (English debut)		C2 Records
1998	*Vuelve*	Come Back	Sony Discos
1995	*A medio vivir*	Living Halfway	Sony Discos
1993	*Me amarás*	You Will Love Me	Sony Discos
1991	*Ricky Martin*		Sony Discos

YEAR	TITLE	TRANSLATION	ALBUM
1999	Livin' la Vida Loca	Livin' the Crazy Life	*Ricky Martin* (English)
1999	Corazonado	Beloved	*Vuelve*
1998	Por arriba, por abajo	Up Above & Down Below	*Vuelve*
1998	Perdido sin ti	Lost without You	*Vuelve*
1998	La bomba	The Bomb	*Vuelve*
1998	La copa de la vida	The Cup of Life	*Vuelve*

Year	Title	Translation	Album
1998	Vuelve	Come Back	*Vuelve*
1997	Nada es imposible	Nothing Is Impossible	*A medio vivir*
1997	Volverás	You Will Come Back	*A medio vivir*
1996	A medio vivir	Living Halfway	*A medio vivir*
1995	Maria		*A medio vivir*
1995	Te extraño, te olvido, te amo	I Miss You, I Forget You, I Love You	*A medio vivir*
1994	Entre el amor y los halagos	Between Love and Flattery	*A medio vivir*
1993	¿Qué día es hoy?/ Self Control	What Day Is Today?	*Me amarás*
1993	Me amarás	You Will Love Me	*Me amarás*
1992	Todo es vida	That's Life	*Ricky Martin* (Spanish)
1992	Vuelo	I Fly	*Ricky Martin* (Spanish)
1992	El amor de mi vida	The Love of My Life	*Ricky Martin* (Spanish)
1992	Fuego contra fuego	Fire Against Fire	*Ricky Martin* (Spanish)

COMPILATION ALBUMS (including Menudo)

YEAR	ALBUM	LABEL
1996	Voces unidas	EMI Latin
1995	"Hey Jude" — Tributo a los Beatles	Sony Discos
1994	Navidad en las Américas	Walt Disney Co.
1992	Feliz Navidad te desean	EMI Latin
1991	Muñecos de papel	Sony Mexico
1988	Sons of Rock (English)	Melody
1988	Sombras & figuras	Blue Dog
1986	Refrescante	RCA
1985	Ayer y hoy	RCA
1984	Evolución	RCA
1984	Reaching Out (English debut)	RCA

AWARDS & NOMINATIONS

YEAR	AWARD	CATEGORY
1999	Premio Lo Nuestro	Best Male Artist of the year, Best Song
1998	Grammy	Best Latin Pop Performance
1998	Blockbuster Award	Nomination, Best Male Latin Artist
1998	American Music Award	Nomination, Best Male Latin Artist
1998	ACE (Asociación de Cronistas de Espectáculos) Award	Nomination, Male Artist of the Year; Male Album of the Year
1998	ERES Magazine Award	Best Latin Artist, Best Image
1993	Billboard Award	Best New Latin Artist
1992	Heraldo (Mexico)	Best Male Performance for *Más que alcanzar una estrella*
1999	Billboard Award	Male Album of the Year for *Vuelve*; Hot Latin Track for "Vuelve"

8

Bewitched, But Not Bewildered

When Ricky Martin was seven years old, he went to a *curandera*, which is like a fortune-teller/healer/witch. Apparently, this woman predicted that Ricky would have a successful artistic career. Of course, what else would you say to a doe-eyed cutie-pie like Ricky! "Even this witch had something to do with it, with me wanting to affect people in a positive way when it comes to music," he told the *San Diego Union-Tribune*. "So, I guess I was born with it." Ricky had been convinced he was destined for greatness long before any fortune-teller could tell him so. But just for the fun of it, we checked out Ricky's astrological profile, with the help of Pamela Cucinell, a noted astrologer, to see if, in fact, Ricky's place in music is written in the stars. Of course we couldn't resist looking into his love prospects, too—otherwise, what's the point? You'll also find a quote or two directly from Ricky just to keep us all grounded.

IN CAREER AND SUCCESS

Since Ricky was born on December 24, 1971, his sun sign is Capricorn, the sign of the achiever. It is likely that he has always taken life seriously and has always assumed a great deal of responsibility—even as a young boy. Capricorn is an earth sign, which means he's practical and level-headed. So, in the rare event that he drifts into fantasyland, it is never too far-fetched. In fact, he may use fantasy only to imagine how he could better achieve a real goal. Obviously he's not afraid to dream big, but from those dreams, he works to figure out a way to get the desired results.

Reality Check

Ricky visualized two of his seemingly lofty goals before they even happened—becoming a member of Menudo first, and later appearing on Broadway in a major production. Now, his dreams of trailblazing through the English-speaking market are coming true, too.

"I had been a fan of the group [Menudo] since 1977. I was always stubbornly determined to be one of them," Ricky said.

He also remarked, "To work in the United States was always an objective of mine. I always said, sooner or later, I'll achieve getting into that market."

Ricky's astrological signs also indicate that he possesses a strong desire to travel, a curiosity about religion, and a need to be a perpetual student of the world.

Reality Check

"I love being on the road. I mean, you travel so much, you meet so many people, a different country—I'm going to Bangkok, Thailand, Turkey—it's just fascinating to be able to interact with other people, you know, other ways of thinking," he told *CBS This Morning*.

Success and status in one's chosen profession mean everything to a Capricorn. If Ricky hasn't earned what he has in life, it's likely that it doesn't mean squat to him. Capricorns are continually proving they're good at what they do. Consequently they possess an innate ability to triumph. Ricky likes to do things the correct way, so he's likely to investigate a situation thoroughly and then work it as best he can. But also, Capricorns are very practical. No doubt Ricky would really like to be recognized for his pure talent . . . not as just another pretty face!

(Just don't expect us to ignore your looks completely, Ricky!)

Reality Check

On dispelling the pretty-boy image:

"I'm working hard to get rid of that. Eventually, that will vanish a little, so it doesn't bother me. I just want a long and steady career in music and acting and to still be in this in thirty years. If it takes me forever to get there, that's good — as long as it lasts," Ricky told the *Daily News*.

With Mercury, the planet of communication, in Sagittarius, the sign of the Archer, it appears that Ricky hates being lied to, and as a result is always sincere and generous with compliments. This also indicates that he's a person who often says what he thinks! The big drawback to speaking one's mind is that he can get into a lot of trouble when he impulsively volunteers information other may not be ready to hear. Face it: The truth hurts!

Reality Check

Ricky freely commented to the press on all the flack they gave him for wearing big hoop earrings in both ears way back when: "One, two, or three earrings aren't going to change my way of being and feeling. I wear them only because I like them and I don't want to say anything special, only that one day I will decide to take them out, but for the moment, I feel good this way."

After churning out a ton of phone interviews one day, Ricky zoned out on one reporter, but managed to laugh it off with candor and charm: "Listen, I'm not even focused . . . hey! At least I'm being honest!"

We speculate that Ricky's Moon Sign, which indicates one's inner emotions, how he reacts, and what habits he develops, is in Pisces, which is the sign of the Universal Dreamer. This would put him in the same astral profile as Elvis Presley, who was also a Capricorn Sun/Pisces Moon. Pisces are extremely intuitive and understand that we are all connected globally.

This profile also indicates that Ricky has a heightened sensitivity and creativity. In combination with the Capricorn Sun, it may even mean that Ricky will fight for what he wants, but he'll at least be a peach about it! He considers the other person's opinion—all the while killing them softly with his song. He'd like to avoid confrontation at all costs, but he's not afraid to fight for what he believes in.

Reality Check

"I refuse to do things I don't believe in," Ricky said, "although I should say that I have been fortunate, because I have not had the economic necessity to do anything that I don't like.

In any event, I will continue fighting and being demanding of myself."

Piscean energy can be widely mystical and imaginative, and combined with the pragmatism of Capricorn, it is very possible for one to achieve success. It appears as if both Ricky's energy and ambitions are tremendous, which is why the performing arts is a such a great outlet for him.

Assuming that Ricky was born at five P.M., his rising sign is Gemini, which suggests that he is a vibrant communicator, but also suggests that he can be moody, too. With a Capricorn/Gemini combo, it is likely that Ricky will always keep his youthful good looks, even when he's sixty! His fortune is found through surrounding himself with positive people. And with his sun sign Pluto, a planet with transformational energy, Ricky also appears to be someone who's had his share of ups and downs. He has encountered many situations where he's had to prove he's strong enough to endure crushing defeat. And how! But he keeps it all in check somehow.

Reality Check

"That young child is still alive, and he has transformed himself into the judge of the man that I have become," Ricky said when reminiscing about his childhood.

"You can't afford to be mediocre in this business. Latin pop has become plastic, like bubble-gum. I'm not judging anybody. I'm only talking about me. I'm not a conformist, and I surround myself with people that are like me," he said in an interview with the *Los Angeles Times*.

Ricky's astral sign suggests that he will always be interested in exploring new kinds of art forms. This sense of exploration will no doubt keep him moving artistically. He's fascinated with different kinds of technology and learning new ways of challenging himself to push the envelope creatively. Ricky's a man who knows he must keep working.

Reality Check

Ricky told *El Norte Press*, "I could live the rest of my life working in Latin America and that would be fine ... forgive me, I am not judging those who haven't done it. There are many excellent Latin American artists, but there is so much ignorance about the Latin American cultures."

IN LIFE AND LOVE

According to the stars, moderation in relationships has never come easily to Ricky—he's an all or nothing kind of guy. Compromise does not appear to come naturally to him. He is sure his way is the right way. The stronger a person with this combination of factors feels about something, the harder it is for him to see clearly. Emotions can be very intense. Fortunately, Ricky appears to have the ability to detach from his emotions once he sees they're getting in his way and burn off whatever's clouding his judgment. Luckily for Ricky, this process continues to get easier as he gets older.

Reality Check

"Women get scared when they meet me. They like stability and I'm all over the place," Ricky said.

In *La Prensa de San Antonio* he said, "I am seduced by the sincerity of someone who doesn't fear me right away, because sometimes people are intimidated by the image. If the tell me the truth to my face and don't care what I think, well, to this I say, 'Come here. Who are you?' That's what I like."

There are probably a lot of different groups of people he likes to hang with—frankly, he'd be bored if everyone thought the same way as he did. People who think they know him, may not. Although the public views him as having a charmed life, make no mistake: This is someone who's had to battle for everything he has. But sometimes, the most intense battles lie within himself, as Ricky appears to be a person who questions and examines himself often and struggles for self-acceptance. This is a person who has had to make a many introspective changes, someone who has dealt with emotional storms as a young person. He knows what it feels like to be pulled in two directions; this tug of war has occurred inside of him. The more he accomplishes in life, the better he feels about himself as a person.

Reality Check

"Whenever they would tell me that Europe is difficult," Ricky told *El Norte Press*. "I used to think, 'They haven't even tried it.' I thought the same thing, but I asked myself, 'What is it that I have to do?' And, look, the answer is to just go! And break your knuckles knocking down wall after wall. And you cannot be proud. You have to start knocking down door after door and saying, 'Nice to meet you. My name is so-and-so and I have this music that I would like to present.'"

With Venus, the planet of love, in Aquarius, the sign that represents individual and unique energy, Ricky is friendly and unselfish in matters of the heart. However, this is a man who needs to live by his own rules, and prefers liking many to loving just one! Ricky's romantic attractions can come and go in a flash. He may find himself in love for a day or a week, enjoying the wonderful stimulation of it all. But when she's gone or no longer causing the same fascination, he may be just as happy to be left with a nice memory of a new part of himself revealed.

Reality Check

A perfect date to Ricky is "one which is unplanned. We could meet on the streets and decide to have coffee. After that, I may never see the girl again, but it was a beautiful date. It doesn't always have to end up in bed."

It appears as if the ultimate woman for Ricky's signs is one who is willing to give him a long leash. But first and foremost, Ricky suggest he also wants a romantic partner to be his friend. He hungers for mental stimulation and likes to be kept guessing. No head trips, just someone who also relishes in the notion that no two days are exactly the same. He is not possessive nor does he want to be tied down, although he needs to know he can rely on someone who's just as independent as he is. He is not afraid of change, although he may at times resist it!

Reality Check

"I am a romantic," he said. "I cannot avoid it! I fall in love twenty times every day, but the pain is that the true love will arrive in small drops."

"I'm looking for a woman who will give me balance," Ricky said.

With Mars, the planet of desire, in Pisces, the sign of the humanitarian, Ricky is likely to be very sympathetic to the underdog. He's probably had to learn early on how to discern when he should help someone who legitimately needs it, and when someone is taking advantage of him.

Reality Check

In talking about the inspiration for the single, "Gracias por pensar en mí" (Thank You for Thinking of Me), written originally in Portuguese by Renato Russo, who died of AIDS: "It is a song of hope, for dignity as a human being; it is the light for the worst times; it is pure heart. Unfortunately, Renato Russo is not with us anymore. He passed away because of that stupid disease that is causing a lot of harm to my generation and my society: AIDS. With this song, I try to create some consciousness. I'm no superhero out to change the planet, but if I can talk about these things and let people know that we should all be concerned about things like this, well, I think it's very healthy."

He told *TV Guide, Mexico,* "I am the sponsor of a Puerto Rican hospital for children with AIDS, and I also support a school for disabled babies, which carries my name. This is something very special, mainly when I can spend the time to be with them."

Although Ricky may seem quiet and reserved on the outside, underneath he very well may be a churning ocean of restless emotion. Fortunately, creativity is the best outlet for these built-up feelings. Belting out a heartfelt ballad is a sure cure. When a lady has captured his interest, he is likely to come on strong but in a soft way. He's persistent, but smooth, very romantic and very sensual. He's willing to take his time.

Reality Check

"I'm very romantic," he told *La Musica News*. "I like spilling my guts. Right now I'm at a point that I'm starting to write my own lyrics, and good or bad, what comes out is romantic . . . I really enjoy singing the ballad."

No better is this voiced than in the lyrics of "Hagamos el amor." But here's my beef: If Ricky likes to take his time, then why is it the shortest song on the album? What's up with that?

9

Ricky Reveals His Inner Self

Here are some more direct quotes, past and present, which give us a hint at the kind of things that cross Ricky Martin's mind at any given time:

ON PERFORMING

"The feeling that I get when I'm on stage . . . I will never change that for anything. It gives you strength, it gives you some kind of power, it gives you control. What do I want to be doing in thirty years? I want to do this; I want to do music." — In *La Musica News*

"Whenever I feel like throwing in the towel, I

say to myself, 'If you quit, you're never going to be able to go see another show, because if you do, you're gonna feel so envious you won't know what to do.'" —In the *Los Angeles Times*

ABOUT HIS MUSIC AND MEDIOCRITY

"The lyrics are all about emotions. The sounds? Complex simplicity. It is as easy as whether I like it or not. It is ethnic but also something people from all over the world can relate to. When you listen to my music, there's drums, horns, classical piano, and violins." —In the *Straits Times* (Singapore)

"I was anxious at the Grammys. So I said, 'Dude, you've been doing this for fifteen years. Just be yourself.' Then I went, 'Hey, Sting, you know what? [*wriggling his hips*] Check this out, bro.' I knew he'd remember me." —In *Entertainment Weekly*

"It's something I get from my parents—not to be mediocre and just go for it, not to just be one more guy along the way. Be the one. That's what I want." —In the *Straits Times* (Singapore)

ON WRITING HIS OWN MUSIC

"It is beautiful to write, to sing your own music—*you* know what you're talking about, *you* know what you're saying." —In *La Musica News*

ON MADONNA

"A marvelous woman, tremendous. From her, one can learn much, not by the silly talk that has been present for so many years. She has a way of asking for things in the studio, which is a bit aggressive, but what comes out is gold."
—In the *San Juan Star*

ON MEDIATING BETWEEN SONY PRESIDENT TOMMY MOTTOLA AND MADONNA

"Forget about Clinton, *that* was politics."
—In *Entertainment Weekly*

ON MENUDO

Ironically, while Ricky was performing at the World Cup ceremonies, his former bandmates were touring the U.S. with El Reencuentro. If they'd asked him on the tour? "I think that finding time for me to also be an ex-Menudo would be kind of impossible. Here's my itinerary, champ. If you can fit it in, I'll do it. You know, at this point of the game, I want to stage all for myself. I'm really selfish that way." —In the *Los Angeles Times*

ON ROBI ROSA

"I think he's a genius. From the age of twelve he was always in front of the piano ... Musically, he has incredible taste ... He deserves a lot more credit, but you see at the same time he doesn't do his music for credit, he does his music for himself. He just loves being in the studio and just creating. In the long run, in five, six, ten years from now, Robi's going to get all the credit he deserves ... When people ask me, I tell them that I'm very proud to be working with him. He has so much to give."
— In *La Musica News*

ON ACTING

"What happens is that when one begins with *Les Misérables*, one cannot go back. Of course, I'll never say never, but if I return in another classic, I'd like to be a part of the original cast." — In the *Straits Times* (Singapore)

ON KISSING

"A good kiss is like sleeping on a bed with nice pillows all around you. A bad kiss is like sleeping on rocks. There is nothing more terrible than a bad kiss!" — In the *Straits Times* (Singapore)

ON THE IDEAL WOMAN

"She has to be intense. She has to know what she wants in her life and has to go out and get it. I want to learn from her and I want to teach her as well. Like everything, it is an exchange. It is okay if she is older than me." And if both of you are intense: *"Zzzz! Electricity!!"*
— In the *Straits Times* (Singapore)

"For a woman to win my heart, she must have something very simple—spontaneity. I don't complicate my life. I am not looking for beauty, for intelligence, blah, blah, blah. What attracts me is spontaneity, a girl who is not afraid to make a fool of herself. Do you understand what I mean? She's fun. She can be herself. She pampers herself. She knows how to pamper others. There is absolutely no doubt about that. She takes care of her skin, takes care of herself, but at the same time, has a very carefree personality." — In *El Norte Newspaper*

ON FAME AND NORMALCY

"Yes, they [the fans] think that we don't eat, that we don't sweat, that we don't go to the bathroom. They think a lot of things. I present myself to the public what I am, I don't put masks on in order to walk into a place. To me, you have to see me as you see me. The television creates a little bit of this fantasy. Television is something untouchable." — In *La Prensa de San Antonio*

ON SPIRITUALITY AND RELIGION

"I'm not going to tell you that I am a super spiritual person, because I have my ups and downs. I get mad. I kick and scream. I'm a human being. But I make the most out of simple things, and I don't get involved with religion, on the contrary." —In *El Norte Newspaper*

ON WHY HE LIKES LIVING ALONE

"I want to be able to walk butt-naked in my house if I want to." —In the *Los Angeles Times*

ON HIS MOTHER

She is the friend that will give me the slap in the face if I need a slap on the face. I don't need a slap, but in case I need one, she brings it to my attention. And that is very healthy. She is the woman who has guided me for twenty-four years. . . ." —In *La Prensa de San Antonio*

ON FINDING AND KEEPING FRIENDS

"I'm very jealous with my friends. 'Who is this? And why don't I know them? Why have you not introduced me?' That's how I am with my male and female friends. Is that bad? If we take it to the extreme, probably yes, it would be." —In *La Prensa de San Antonio*

"There is still authenticity [in people], you know. It's hard to find it, but it exists. There's a whole world out there of people who don't watch TV, don't listen to the radio, people who are not into music. You encounter girls like that, and it feels good." — In the *Los Angeles Times*

ON PRIMPING

"Everyone is telling me that I have to do this and that. I'm like, 'Argh! Give me the cheap shampoo and the hotel soap!'" — In *People*

"If [my girlfriend] can make an appointment for me to have a massage, too, that I like." — In *People*

ON HIS HAIR

"The reason why I cut my long hair short because my fans used to pull it in an attempt to get close to me. But I don't mind the screams and shouts at all, as everyone is free to express themselves. — In the *New Straits Times Press*

ON BEING PUERTO RICAN

"Puerto Rico is a very multi-cultural island — Africans, Europeans, and of course, Latin Americans. We are very intense, very passionate, and this is represented in my music." — In the *Straits Times* (Singapore)

"The Indian we have within us is very strong, and in my case, Caribbean and African. They are some marvelous mixtures, and so beautiful is this fusion that existed within the race that we have to exploit it and bring it to every part of the world. We are warriors and what happens as the years and centuries pass? We got worse. In Europe they call us "sudacas," and that sudaca is like trash to them. We have to show them ourselves that we aren't. We are great and there are great poets in Latin America. There are great intellectuals and we can seduce them and win." —In *La Prensa de San Antonio*

ON BEING IN FLIGHT

"I have always liked aviation. It is something that I don't rule out, because one day, I want put myself in a little plane and drive it because it fascinates me. But I have always been, apart from Menudo, in front of a camera. I have always done artistic works in school. I have always liked music. I have always liked to dance. I have always been well placed in that environment." —In *La Prensa de San Antonio*

ON STAMPING OUT STEREOTYPES

"It's all about breaking stereotypes. For me, the fact that people think Puerto Rico is *Scarface*, that we ride donkeys to school—that has to change."—In *Entertainment Weekly*

"If I don't believe in myself, who is going to believe in me? I don't want to come across as being too sure of myself, but if I can contribute something to all Latinos, we are going to win. We will not stay behind." — In *La Prensa de San Antonio*

"In Europe, I talk a lot about my culture. Of course, I talk about my music and my music reflects my culture. And I take the opportunity to talk about the different cultures of Latin America, because they think that from Mexico to Argentina, it's all mariachi. So, it is a matter of letting them know that the Caribbean has one sound, Northern South America has a different sound, and Central America has another." — In *El Norte Newspaper*

ON HIS FUTURE

"I don't know. I don't want to think about that. Everything that I have wished for I have achieved with my work, and I will keep fighting for what I want, but I do not like to think about my future." — In *TV Guide, Mexico*

10

Ricky Takes a Walk on the Spiritual Side

*I*mmediately after his breathtaking performance at the Grammys in February, while Gloria Estefan and Jimmy Smits were announcing the nominees, and the audience was still recovering from the electric shock, Ricky was backstage, standing silently, meditating and practicing yoga. "It is a type of yoga that you can do without anyone noticing that you are doing it," Ricky explained to *People en Español*. "It's called kriya yoga. *Kri* means 'you can do anything,' and *ya* means 'your soul.' The combination means you can accomplish whatever your soul desires." And that was certainly the case when Ricky's name was announced as the winner of Best Latin Pop Album. He sure knows how to work his kriya.

As a matter of fact, when the Grammy nominations were first announced a few months prior, Ricky was thousands of miles away—spiritually and physically—in Nepal, reading and meditating in the Himalayas. "I have always been in search of a meaningful level of spirituality," Ricky explained at a press conference in Puerto Rico. "I look for serenity and my music reflects that, but my hectic schedule and upbeat pace of life forces me to disconnect from everything sometimes . . . and what better way than plugging oneself into a spiritual trance?"

This is not the first time Ricky has expressed a great need to get in touch with his spiritual side. From his early days seeking anonymity in New York City, to his more recent journeys to Tibet and India, Ricky has always made getting away quietly to "disconnect from the world" a priority. He enjoys being alone with his thoughts so that he can emotionally regroup. These moments of solitude often give him a chance to reinvent himself, broaden his "intellectual horizons," and more importantly, preserve his mental health. Whatever he does, whenever he checks out, it certainly seems to be working for him.

"In this career, you are surrounded by all this fantasy. You are always looking for applause and for people to tell you how great you are. And you have to be very careful because the most important thing is to have your feet on the ground," he told *People en Español*.

There have been some bad times in Ricky's life—the kind we all go through from time to time, when we think that nothing much matters. Ricky has said about those times, "Nothing impressed me, I though that I had stopped feeling. Then I stopped and followed my spiritual search in Hinduism and in Buddhism, and I found that connection within your soul, God and One. I realized that you cannot be so commercialized, because it can drive you crazy and your life is going to be short-lived."

Clearly practicing yoga ritually and studying Buddhism helps him keep his feet on the ground. But his choice of religions may seem odd to some. After all, eighty percent of Puerto Ricans practice Catholicism. Ricky's the first person to acknowledge that contradiction. In fact, Ricky was a Catholic, too, as a child. He was even an altar boy growing up! However, he was left with a bitter taste in his mouth after the priest who gave Ricky his first holy communion was assassinated in church. "It is something that I cannot forget ... This rebellion that I went through is the same that many people are experiencing at this time, and that many more are going to experience. But they are life's traumas, things that for the time being upset you."

Ricky has apparently moved on, crafting a

very personal spirituality for himself that borrows from many of his life's influences. Understanding that there is a distinction between spirituality and religion, he appreciates spirituality whenever and wherever he sees it. Ricky has actually met the Pope; he considers the encounter one of the greatest and most serene experiences of his life. "It doesn't matter what your belief is, whatever it might be, you feel like your lungs are going to explode because you immediately fill them with air when you see him," Ricky told *El Norte Newspaper*.

Ricky has also gone out of his way to make time in his crazy schedule for humanitarian causes. In early 1999, after Puerto Rico was devastated by Hurrican Mitch, Ricky was one of the first people to lend economic support to help rebuild his country. A few months later, Ricky again took time from his promotional schedule to visit a nun named Sor Isolina, who is considered by many to be the Mother Teresa of Puerto Rico. Apparently, Ricky was impressed by her thirty-year dedication to helping the poor and disadvantaged—a cause he stands behind with the many charities in which he's involved. Sor Isolina was equally impressed that this young superstar sought her out! So Ricky is proof that people of different religions can respect the spirituality in one another's lives.

His recent spiritual and emotional maturity has also allowed him to mend the broken relationship with his father. After his mother gained custody of him in 1986, Martin changed his name and stopped talking to his father. That silence lasted for ten years.

But the estrangement ultimately was too much for Ricky to bear. "It wouldn't allow me to breathe. I was always in a bad mood, confronting people. And I said to myself, 'This can not continue like this, he is my father.'"

Ricky finally reconciled with his father. And from that point on, Ricky says, "I have been able to keep myself from resenting anyone." The reconciliation gave him a stronger sense of family. A sense that perhaps he wants one of his own soon. "While I was away from my father, I became a cynic. I was cold, sarcastic; I didn't like children. I was a different person. Now, I'm dying to be a father. I actually have more of a desire to be a dad than a husband," Ricky admitted with a laugh to the *Los Angeles Times*.

Despite the joy of the reconciliation there soon came another dark period in Ricky's life. In 1998, he lost another close family member — his grandmother. Ricky was reportedly so distraught that he contemplated hanging it all up for good. He told *TV Guide, Mexico*, "My grandma died and that disoriented me. I thought I was prepared for the moment when she would leave me, but no! It was very painful. So much that I didn't think I could sing and smile on the outside, when I was dying on the inside. Then, at that moment, I said to myself, no more!"

Thankfully, Ricky was able to turn his grief around. It appears as if he's actually turned those energies into a more positive direction, perhaps sensing that his grandma is encouraging him from up above. And indeed, she must be smiling on him. Because now, his career is stronger and more focused than ever before!

11

The Long and Short of It: Ricky's Hair and Other Mentionables

Is it just me or has Ricky gotten more talented, gorgeous, and successful as his hair gets shorter? When it comes to his hair, he has had so many different looks—sometimes curly, sometimes straight, sometimes highlighted, sometimes dark. In 1992, he even won an award from Pert Plus (the shampoo and conditioner in one) for having the best head of hair! The reason he grew his hair in the first place was to break free of the Menudo mold. He simply stopped going to the barber. That look—the long locks, torn jeans, earrings—helped to establish him as a rock star, but with each successive CD his hair has gotten shorter again!

According to Ricky, luscious locks have their shortcomings. At one point he admitted his most annoying habit was not being able to stop playing with his hair. His philosophy was that long hair was meant to be worn loose and well-combed. But achieving a natural yet well-kempt look was work. He was rumored to put rollers in his hair to give it waves, because his natural hair is pretty straight! But the real reason he started cutting it was to shed the rock 'n' roll image. His music was changing and so was he. Ricky was becoming more fashion-conscious, sporting a sleeker look. Ripped jeans and T-shirts out — Armani suits, in. Plus, his fans would grab fistfuls of hair just to get close to him. Long hair was clearly not very practical in the mob scenes he's been known to cause! Not to mention the pain . . . Ouch! "If you're going to tie back your hair in order to keep it long, better to cut it," he commented once. So that's what he started doing.

The locks have kept getting shorter with every album cover. And now that he's busting out his big English crossover album, his hair is more closely cropped than ever, which makes you wonder . . . is the bald look next? We'll just have to wait and see!

AND WHAT ABOUT HIS LOVE LIFE?

If there's one thing that Ricky Martin has managed to do throughout his career, it's been to keep details about his love life relatively private. He has said many times, "Sexuality, I swear, is something I leave in the privacy of my room. I can sell albums, I can sell tickets to a concert; but the day I'd feel forced to sell the key to my room, I'm gonna quit." So, if you're looking for straight-up gossip, you're not going to find it here—sorry. But here's what Ricky has commented on in the press so far. You can draw your own conclusions from there:

• He is not, he repeats, *not* romantically involved with Madonna. While Ricky did admit to Jeannie Williams of *USA Today*, that "after the Grammys, there was like a click between us," he was clear to say during a press conference in Puerto Rico months after the single was recorded, that their relationship "is strictly professional," and denounced rumors of an affair. It is true that they have worked together on several TV shows in Europe, that they have that yoga-spirituality thing going for them, and that he's even teaching her Spanish. But he still maintains "we're very good friends." That's all.

• Ricky lost his virginity at age twelve to his first love, whom he met during his first year in Menudo.

In the past, the media has linked Ricky to many beautiful and famous women. Most of these rumored relationships turned out to be false, but here's the rundown in case you're keeping score:

- Daisy Fuentes, who actually was linked to Luis Miguel at the time, too, but you simply can't believe everything you read!
- Monica Naranjo, a singer/songwriter with whom he worked on *A medio vivir*. She was also rumored to be with Luis Miguel. She denied being involved with either one.
- Lily Melgar, his costar on *General Hospital*, whom Ricky briefly dated.
- Alison Sweeney, the actress who plays Samantha on the soap opera, *Days of Our Lives*.

DRUMROLL, PLEASE ...

But the real woman rumored to have "captured Ricky's heart" is the woman who was his Grammy date, Rebeca de Alba, a leggy blond Mexican woman seven years his senior, who is a model/TV hostess in Mexico. They have had an on-again/off-again relationship for quite a while, having first met when Ricky was eighteen. In fact, in 1992, he told *Impacto*, a newspaper in Mexico, which alluded to Rebeca way back then: "In my life, there are many women, friends of course, nothing serious. I can't, I'm twenty years old, and with desire of rising as an artist. Love for me at this moment can be an obstacle." Still intent on maintaining his bachelor status several years later, Ricky told *La Prensa de San Antonio*, "My love life . . . I'm being honest with you, has not been my priority. And when I say that it's not my priority, I mean that I don't need to be a couple with someone who has to be with me all the time. But when it's there, it's there, and I'll shout it to the four winds." At the time, he had been dating Rebeca exclusively for about four or five months.

Things heated up between them again in 1996 when Ricky was apparently about to "pop the question," but got cold feet. "I was about to get married three years ago," he told the *Straits Times*, "but I was very insecure with myself and when I was about to buy the ring, I went, 'Ay! What am I doing?' It was a little sad at the end. I just blame it on me not being ready then." Although Ricky and Rebeca have recently gotten back together, they have no plans to marry in the near future. As Ricky recently said to *USA Today*, "You never know what will happen, but we're happy the way we are." He also told *People en Español*, "She is a very special woman. Whether we marry or not, she occupies a very special place in my heart. Our relationship is without commitments, without titles, or anything else, but we are together."

If what his astral signs suggest is true,

Ricky's ideal woman must give him a long rope. Apparently, Rebeca carries extension cords because Ricky is definitely "Livin' La Vida Loca" right now!

Okay, boys and girls now it's time for a little random trivia downloading.

DID YOU KNOW . . .

• Ricky has three half-siblings from his father's second marriage, Erick, Daniel, and Vanessa, and two step-siblings from his mother's first marriage, Pachu and Fernando.

• Ricky is a doting dog lover. In fact, he's has had three dogs since leaving Menudo:

> • Lennon, named after John Lennon. Sadly he ran away without a trace.

> • Gertrudis, a Cocker Spaniel that lived with him at his house in Mexico.

> • Ícaro, a Golden Retriever currently residing in Miami. (This is also the dog he gave special thanks to on his *Vuelve* album.) Ícaro is also the name of his production company, which his mom runs, along with his eldest brother, who is in charge of finances.

• Ricky taught himself how to play the guitar. He also dabbles with the saxophone.

• The single "Volverás" marked Ricky's first attempt at songwriting.

• Ricky has a small tattoo of a rose surrounding a heart with an arrow through it. In the center is the letter "E," which stands for Enrique. Guess where it is? On his groin area. (Good luck in trying to get a peek at it!)

• Ricky wears a rosary around his neck and carries it with him wherever he goes (you can see it in his new video and at his Grammy performance). It was given to him by a little boy on the streets of India. Also, a Tibetan monk gave him a precious stone, which he wears as a bracelet. The monk told Ricky that he's supposed to give away the stone to someone very special once he finds that person. Ricky secretly hopes he can wear it forever, he likes it so much!

• Ricky hasn't touched a drop of alcohol in about four years, and doesn't really get into the party scene at all, even though he said he had a blast at the exclusive *Vanity Fair* Oscar party, dancing up a storm with Madonna.

• Ricky never carries a wallet on him because he's so forgetful. He's worried he'll leave it behind, like he does sunglasses, cell phones, and books. He leaves it up to his mom and his older brother to take care of the finances!

• For the video on his second single from his debut album, *Ricky Martin*, "Dime que me quieres," Ricky rode the exact same motorcycle that Arnold Schwarzenegger used in the movie *The Terminator.* But it was Ricky who "terminated" the bike. It crashed during the shoot and caught fire. Luckily, he walked away from the accident with only a minor leg injury.

• For the Spanish version of *Hercules*, Ricky accomplished what it took two artists to do in the English version: He sang and voiced the title character in Spanish. In the English version Tate Donovan spoke the character's lines, while Michael Bolton sang the theme song. Talk about multi-talented!

• Before every performance, Ricky drinks hot tea with milk and honey to calm his throat.

• Tragically, a female fan was run over by a car in Chile, while on her way into town to try to catch a glimpse of him at his hotel. Upon hearing of the terrible accident, Ricky sought out the girl's family to offer his condolences.

• The director Oliver Stone was a guest at Ricky's twenty-second birthday party at El Cielo, an exclusive club in Mexico City.

• In 1985, Ricky caught a case of the chicken pox from fellow Menudo Raymond Acevedo, who also gave it to Roy Rossello and Charlie Rivera. I guess the only one immune was Robi Rosa. They had to cancel several concert dates while they recouped in Orlando.

• We all know that Ricky replaced Ricky Melendez in Menudo, but do you know who replaced Ricky Martin? (Answer: Rawy Torres.)

• Ricky used to have huge posters of Marilyn Monroe plastered on his walls at his house in Mexico. He considered her to be "the ideal woman."

• Ricky cites Paul Simon, Peter Gabriel, Sting, and Elton John as some of his musical influences.

• Ricky credits Julio Iglesias with breaking down barriers for Latin music throughout the world, and has referred to him metaphorically as his "father."

• Ricky's grandfather, Angel Morales, is a poet, and his grandmother, Iraida Negroni, was an author. He admires both of them tremendously.

• Ricky has been the Grand Marshall of the annual Chilean festival *Viña del Mar* twice.

• Ricky filmed a Pepsi commercial with Janet Jackson.

• His number one hobby is sleeping.

• Ricky's favorite beach in Puerto Rico is Palominito, located on the northeast side of the island.

• When asked if he cried during *Titanic*, Ricky answered with a resounding "Noooo."

• In May 1999, Ricky was voted one of *People* magazine's "50 Most Beautiful People."

• His least favorite part of his body? His legs. The first thing he notices on a woman? Her legs.

• His favorite part of his body? His hands. "They're big, they're bony, they're strong."

• Ricky was the guest musical act on *Saturday Night Live* on May 8, 1999.

RICKY'S QUICK-PICK FAVORITES:

ANIMAL: Dolphin
ACTOR: Robert De Niro
ACTRESS: Demi Moore
MOVIE: *The Godfather*
SPORTS: Skiing, swimming, horseback riding, surfing, rock-climbing
CAR: Mercedes Benz
NUMBER: 5

THE WORLD WIDE WEB OF RICKY

Scan the World Wide Web in search of Ricky Martin Web sites and you'll find at least forty-nine sites on the official Ricky Martin Webring.

www.members.tripod.com/~Maria_Lajos/rickring.html

The sites hail from all corners of the world —from Israel to Japan, Hungary to Australia—and more crop up every day! It's nearly impossible to keep track of them all, so here are just a few of the more notable ones. Happy surfing!

Official Web Sites

www.rickymartin.com
www.rickymartinvuelve.com
www.rickymartinmanagement.com

Fan Web Sites

www.rickymartin.coqui.net/
Direct from the home office of San Juan, Puerto Rico, the International Ricky Martin Fan Club Web site comes in your choice of languages, complete with chat room and a forum. It's also got tons of Grammy pics, plus a link to MTV and interviews.

www/geocities.com/Hollywood/Screen /6609/
This is my personal fave, though it takes a while to download because of all the graphics and photos. Nevertheless, an extremely comprehensive Web site with tons of information on Ricky—past, present and future—from all around the globe. With news, calendar, and fun little factoids and moving graphics, it's got the latest, including VCR alerts, in-store appearances, and the latest magazine articles and videos.

Members.aol.com/menudo77/
If you absolutely have to know everything there is to know about all thirty-three of the

Menudo members, past and present, with a cheeky presentation, Menudo Online is the site for you. Witty and entertaining.

Members.tripod.com/~Andy_Gaby/RickyMartin.html

Obviously a labor of love from a devoted fan of the past nine years, Gaby's Ricky Martin Homepage is a little rough around the edges; nonetheless, it's chock-full of information, including tour dates and magazine articles. Best yet, there's a translation feature to the language of your choice.

www.rmlac.com

Ricky Martin's Los Angeles Connection—fans from the West Coast united for one common cause—Ricky! Up-to-the-minute news, tour dates and information.

members.tripod.com/rmsc

Ricky Martin Southern Connection. Yes, Ricky's got connections in every region of the United States and this one's pretty good. Comprehensive, with magazines, photos, and interviews.

12

No Man Is an Island (But Ricky Practically Owns One!)

It seems as though everyone wants a piece of the Martin Magic these days. Face it: Being sexy sells! The Puerto Rico Tourism Board definitely got it right when they dubbed him their spokesperson, promoting the island as the ultimate resort in their latest ad campaign. But Ricky certainly never needed the Tourism Board to prompt his national pride. After all, Puerto Rico is a beautiful island, and he is treated like a prince there! When promotions began for his English album, Ricky insisted on giving his homeland the first taste. He even arranged for the first press conference to be held there. Ricky flew

from Miami to San Juan in a private jet. Once
he landed, he was whisked by private heli-
copter to the roof of the Ritz Carlton hotel.
Since the Ritz is literally a hop, skip, and jump
away from the airport, total time in the air was
less than one minute. This VIP chopper treat-
ment is usually reserved for heads of states and
government dignitaries only.

But Ricky is the reigning Latino Ambassador to the world. He's royalty, baby . . . so why
shouldn't he have home-court advantage? He is
the proudest *boricua* there is, boldly declaring "I
am Puerto Rico" whenever he can. One of
Ricky's main goals is to break down barriers, to
make the world aware of where Puerto Rico is
on the map, so we're going to give him some
help.

BRIEF HISTORY LESSON

Okay, boys and girls, for those of you who
may not be totally up on your Puerto Rican
history (even though it should be part of your
history books), let me tell you about its unique
culture.

First of all, the original name for the 130-
square-mile island in the midst of the Caribbean was Boriquen. It was renamed by San
Juan Bautista after he landed there on his
second voyage on November 19, 1493, and
swiped the island for Spain. That's why those

of us who like to call up our more indigenous heritage proudly call ourselves *boricuas*.

The island's original inhabitants were the Taíno indians, an agricultural people who were enslaved and then exterminated by the Spaniards. As these natives were killed off, they were replaced by black African slaves who were imported to work the plantations and sugar mills. This marked the beginning of what would later become known as the Triangle Trade system. It is also what lead to the ethnic diversity found on the island today.

For the next three hundred years, the "rich port," or *puerto rico*, of the island was coveted land for greedy pirates and English and Dutch navigators. But the Spaniards were good at ruling with an iron fist. Throughout the nineteenth century local uprisings against Spanish rule were short-lived, though there was one serious uprising, known as *El Grito de Lares*, which took place in 1868. Slavery was finally abolished in 1873, and the island was granted freedom from Spain in 1897.

As a result of the Spanish-American War, Puerto Rico was handed over to the United States by the Treaty of Paris, signed on December 10, 1898. In 1900, the U.S. Congress established a civil government on the island, granting citizenship to Puerto Ricans in 1917, as a way to try to solve various economic and social problems occurring on the overpopulated island.

During World War II (1939–1945) the island became a key U.S. military base, and in the 1950s many Puerto Ricans migrated to the United States. Since then there has been much political controversy in Puerto Rico and the U.S. over whether the island should become the fifty-first state of the Union or it should become completely independent. The debate continues to this day.

But all politics aside, one thing that cannot be overlooked is that Puerto Ricans have contributed greatly to the culture of the United States. Among other things, people from the island have brought their ethnic heritage, music, and of course, *comida criolla* — literally the flavorful foods prepared by those born and raised in a Latin American country. Here's just a sample of the delectable treats that Ricky might have eaten when growing up in Puerto Rico:

- *Surullos*: similar to a *taquito*, in which corn meal filled with cheese in the center, rolled up and deep fried. Served with a dip, such as salsa or *mojo*, a white garlic sauce.
- *Bacalaito*: little crispy pancakes that are fried up with a *bacalao* (salted codfish), and *sofrito* (tomato and onion based sauce with tons of spices thrown in) mixture.
- *Alcapurria*: fried pastries made from either green bananas, yucca, or pumpkin filled

with either meat, crab, or shrimp and sprinkled with *achiote* (a spice similar to paprika).

• *Mofongo*: mashed up cooked plantains mixed with very crispy bacon. Served with *mojo*.

One of the more famous restaurants on the island is called Ajili Mojili, in San Juan. Its cuisine is something Ricky can't resist since it reminds him of his grandmother's cooking. Ricky snagged one of its chefs, got together some partners, and in December of 1998, he opened Casa Salsa, the first Puerto Rican–themed restaurant in South Beach, Miami, on the ever-so-posh Ocean Drive. Now Ricky can feel—and taste—a little bit of his home even while he's away.

"When I travel around the world, I miss my island a whole lot. So when the opportunity came to join forces with some other Puerto Rican entrepreneurs to open a restaurant that would, in essence, be a reflection, a recreation—through its food, its atmosphere, its flavor—of what Puerto Rico is and has to offer, I jumped in," said Ricky at the ribbon-cutting ceremonies of the restaurant.

At the star-studded opening of Casa Salsa, which included such celebrities as Emilio and Gloria Estefan, Cameron Diaz, Jennifer Lopez, Al Pacino, and Carlos Ponce, Ricky said to his guests, "Welcome to your house.

From this point forward this will be a little corner of Puerto Rico. I simply want to bring you my land and my culture. And I wanted to bring that land here, because people from all parts of the world pass by here."

Guests of Casa Salsa are treated to *pernil* (roast pork), which is a must-have for any festive occasion, *arroz con pollo* and all the other scrumptious side dishes mentioned above to satisfy their taste buds. All of this wonderful food is served by staff in traditional Puerto Rican folk dress. And, of course, there is fantastic live entertainment to help dance away the calories from all those sinfully yummy fried foods!

Although he would love to be at Casa Salsa all the time, Ricky, a tasty morsel all by himself, is usually out promoting his music, his island, the charitable organizations he represents, and countless other causes.

Did you know that in Japan "Maria" was used as a musical backdrop for a TV ad campaign that Martin did for Suzuki? It coincided with Sony Music Japan's release of the *Vuelve* album. Not since Julio Iglesias has a Latino artist fared so well in Japan. In Mexico, the title track for *Vuelve*, a sultry ballad, is used as the theme song for a *telenovela*, or soap opera, called *Sin ti* (Without You). And for Pepsi, Ricky represents GeneratioNext. He's already starred in a commercial in Brazil with supermodel Valeria Mazza that aired in 1997, and is soon to appear in a new one with none other than Ms. Janet Jackson.

Besides promoting motorcycles and soft drinks, Ricky has also been approached by the fashion community. His six-foot-two toned physique makes him a natural-born model. The world-famous Italian designer Giorgio Armani, who has been the main contributor to Ricky's always-fresh, body-conscious wardrobe, has lined up Ricky to participate in his next ad campaign, which will probably also include a parade on the catwalk for his collections. And not too long ago, Ricky's face could be seen on a box of Kellogg's Corn Flakes as part of a campaign to raise money for Proyecto Amor de Puerto Rico, a local organization that Ricky is involved with which assists needy children — just one of the many charities he's involved with.

However, Ricky won't lend his name to just any project. Denied a Ricky Martin action-pass were the producers of the 1998 summer blockbuster *The Mask of Zorro*, starring Antonio Banderas. They'd originally tapped Ricky to sing the theme song. With musical director James Horner, the man who put together the megahit score of *Titanic* (you may have heard of it), composing the original score, the deal was quite promising. However, the powers that be at Columbia Records, (C2), the record compa-

ny that's distributing *Ricky Martin*, said no,
because they felt the style and direction of the
Horner tune was inconsistent with, and would
take away from Ricky's debut English-
language album. So, instead, the honors went
to runner-up Marc Anthony—a rising *boricua*
superstar in his own right. Marc sang the duet
with Australian siren Tina Arena for the
romantic ballad "I Want To Spend My Lifetime
Loving You."

Also vying for Ricky's attention in
Hollywood is the Puerto Rican producer/direc-
tor Marcos Zurinaga, whose last project was
directing Andy Garcia in *Death in Granada*, the
story of the famous Spanish poet Federico
Garcia Lorca. Zurinaga has publicly announced
his desire to include Ricky Martin in an
American film. Though Ricky has stated that
he is "totally focused on his music" right now,
with his love of acting one has to wonder if the
thought is not too far off in his mind. When
posed this question by *CBS This Morning*, Ricky
said, "A gun in my head, music or acting? What
are you doing? Definitely music. Music gives
me the opportunity to, you know, be in front of
an audience and see their reaction. I need the
immediate reaction, and it has always been like
that."

Even though Ricky claims that music is his
one true love, he reportedly once told his friend
David de la Orta that he hopes to win an Oscar

before he turns thirty years old. He may just
find a way to make it happen. After all, even
though he told *Billboard* magazine adamantly,
"My album is my priority," he finished the sen-
tence with, "but if something with Demi Moore
shows up, maybe I am going to have to think
about it." And again, as if to further tease his
fans, he told *USA Today*, "Maybe by the end of
2000" you can expect to see him on the silver
screen.

Ricky always leaves us begging for more.

13

Soccer Anyone?

"Maria" is not the only song that Ricky Martin may be singing for the rest of his life. More than two billion people witnessed Ricky's live performance of "La copa de la vida" via satellite at the closing ceremonies of the World Cup in Paris in July 1998, and cheered wildly as he nailed it in three languages: Spanish, French, and English. The song has sold more than ten million copies, and has remained on Billboard's Hot 100 singles list even longer than "Maria" did just two years before.

Officials say Ricky was selected for the World Cup track because he exemplifies the same ideals that the famed soccer tournament does. Although Ricky doesn't play the sport—he likes surfing and rock-climbing instead—he rooted for the United States! When asked about his soccer skills, Ricky admitted, "I'm very bad in football. The ball plays with me instead." Nevertheless, soccer, or *fútbol*, as it is known throughout the rest of the world, is truly a global phenomenon that brings billions of fans joy.

But this wasn't the first time Ricky recorded music for a major sports event. Back in 1996, he recorded a song called "Puedes llegar," (You Can Get There) for EMI Latin's Olympic album for the games in Atlanta. The album was called *Voces Unidas* and also included Gloria Estefan's Olympic theme song, "Reach."

In February 1998, when *Vuelve* was about to be released, Ricky told *Billboard* that the single "La copa de la vida" would be a song that could literally take him around the world. Little did he know others would try to use the song for appeal to ever-widening audiences, too. The governor of Puerto Rico, Pedro Rosselló, had swiped the song to give his political campaign a big boost. The line that Ricky sings, *tienes que pelear por una estrella* ("we have to fight for a star"), seemed to be almost custom-made lyrics for the platform of the governor's New Progressive Party (NPP), which is pushing for Puerto Rico to be the fifty-first state of the

Union. And the repetition of the stanza, *luchar por ella*, seemed an all-too perfect motto to punctuate the party's desire to become a state. Roselló even made bumper stickers with the phrase. It's nice in theory.

But here's the catch: Ricky never said Roselló could use the song. Even though rumors spread throughout the island that Ricky was endorsing Roselló because local newspapers ran a photo of Ricky giving the governor a copy of his album *Vuelve* at a press conference in Brazil, Ricky never made such an endorsement. Angelo Medina, Ricky's long-time manager, enforced this message when he declared to *Billboard* magazine, "Music doesn't choose sides. It belongs to everyone." Sony executives didn't like the pilfering of the song for political gains either, comparing it to Ronald Reagan's pilfering of Bruce Springsteen's "Born in the USA" for his election campaign. But there was little the record company could do to stop the song from being used in this way because Roselló didn't use the actual recording. Desmond Child, who co-wrote the song, stressed that it "is strictly about world unity and the World Cup. We weren't rooting for anybody. It was meant to be about the games and sportsmanship."

The snag with Roselló, however, obviously didn't affect Ricky's vie for international recognition. "La copa de la vida" did make Ricky famous in countries far from the Latin-speaking world, such as Japan, India, Korea, and Thailand. And Ricky has been going strong ever since, touring, performing, and—lest we forget—putting the final touches on his fifth album, too. The proof of his global popularity is in the pudding: *Vuelve* has been certified platinum in twenty-one countries, and has sold more than six million copies, including such non-Spanish-speaking countries as Australia, Turkey, Switzerland, Italy, and Taiwan.

Of course, Americans didn't really catch on to the magic until the Grammys some six months later, but they've made up for that since then: The week after Ricky's Grammy performance of "La copa de la vida," album sales in the United States for *Vuelve* shot up five hundred percent! Even in places like Salt Lake City, known more for churning out Osmond tunes rather than appreciating spicy salsa music, Ricky's album sold out.

It's wild to think that *Vuelve* was released in February 1998—almost a year before the Grammy Awards—and that the album debuted at number one on the Billboard Top 50, where it remained for twenty-two consecutive weeks without many Americans knowing about it. Even celebrities like Rosie O'Donnell and Puff Daddy were completely unaware of what a sensation that song had caused throughout the rest of the world until that moment. *Vuelve* had already been an acclaimed contemporary album of incredible depth appreciated by fans and critics worldwide. To borrow from Puffy's hip-hop lingo: It's old-school with a new-school twist. And it's not hard to like that.

Even those who are around the artist know Ricky's in the zone, creatively speaking, right now. One of his producers, K. C. Porter, told the *Los Angeles Times*, "Ricky is somebody who has taken the required steps into true artistry by tapping into his innermost essence, both musically and philosophically."

With his own unique brand of charisma, determination and style, Ricky Martin has captured a worldwide audience and continues to pull our heartstrings with his flavorful music and fiery, passionate performances. "Tonight I'm going to leave my soul on this stage" is a line with which he opens so many of his concerts. His chiseled good looks, the buff bod, and his knock-out Mentadent smile all help to move audiences as much as his music does. The mix of magical ingredients is pure Martin mystique. And Ricky's got "It" in spades!

Ricky was poised and ready to drop the real bomb: his first English-language album. And his timing couldn't have been better.

14

America Better
Recognize

$\mathcal{A}$merica has always been a tough market to tap into, especially for Latin artists. But right from the start, Ricky has been confident that he could crack the safe wide-open. Even dating back to 1985 during his Menudo days, a wise young Ricky told the *Chicago Tribune*, "If we only have albums in Spanish, how are [American girls] going to get the message that our songs bring?" It was as if he had a crystal ball or something! The result for Menudo was *Reaching Out*, their first English-language album, which sold more than half a million copies in the U.S. that year. And that was fifteen years ago.

Sadly, Americans have always thought they have to know every word that's being uttered in order to embrace a song. But finally, the U.S. market is starting to figure out something that Latinos, Europeans, and people throughout the non-English speaking world have known for years: Music is something that you *feel*, not necessarily something you have to comprehend. You don't need to know a lick of the language to appreciate pure poetry in performance! Ricky has always subscribed to the *boricua* philosophy: "Puerto Rico is a very multi-cultural island—Africans, Europeans, and of course, Latin Americans. We are very intense, very passionate, and this is represented in my music," Ricky explained to the *Straits Times*, a newspaper in Singapore. Hey, if folks in the Far East and Europe can feel him, so can blue-blooded Americans, right?

And as for Ricky, it's super-important for him to retain his ethnic roots, because it helps him to break those cultural boundaries. Because if there's one thing Ricky can't tolerate, it's intercultural ignorance. He takes his role as the Latino ambassador to the world very seriously. "I'm very lucky—I'm in a career that makes it very easy for me to go to different countries, because it's about music. I have to, I want to, keep doing these kind of rhythms. Hey, I'm Latin, I get the swing of it," he told *La Musica News*. And he wants the world to fall in love with that Latin swing of his music.

Yes, it's true. The natural sway in his hips is in the *boricua* blood. It can't be explained any other way. But for those of you who still might be new to the multitude of sexy, passionate feel-good beats that are found in Ricky's music and in Latin music in general, (in other words, those of you who can't figure out your *salsa* from your *samba*), don't worry, help is on the way! Here is a quick glossary of Latin American and Caribbean beats every music lover should know, as well as a list of other artists to look for. Learn a few and impress your friends, as these truly are worthy of their own Jeopardy category!

GLOSSARY OF LATIN BEATS

BEAT	DESCRIPTION	SONG/ ARTIST EXAMPLE
Batucada	One of the most popular *samba* styles, highly syncopated melodies featuring call-and-response singing marching with hundreds of singers and dancers in *escolas de samba*, or samba schools, accompanied by a percussion ensemble, including congas, whistles, etc. Synonymous with Carnival in Rio de Janeiro.	Ricky's "Maria" (remix) and "La copa de la vida."
Bolero	Introduced in the late eighteenth century, considered the national dance of Spain, which also made its way to Cuba. In the bolero, dancers make abrupt turns and perform complicated steps in syncopated rhythm. Graceful arm and hand movements complement the rhythmic	"Casi un bolero" . . . is "almost one," according to Ricky. But Luis Miguel does the real deal pretty well on his *Romances* albums.

Beat	Description	Song/ Artist Example
Bolero (cont.)	leaping and kicking. The dancers are accompanied by a guitar, and the performers sometimes sing and play castanets. Has a dreamy, romantic feel to it.	
Bomba	These are Afro-Puerto Rican expressive dances and songs traditionally associated with plantation workers on Puerto Rico. The name was inspired by a fairly large wooden drum covered with goatskin called the bomba which accompanied this music. Songs are improvised and have a 'call-and-response' style, that is, like a shout out where the crowd joins in, answering back.	Ricky's "La bomba," but boricua William Cepeda is master of both *bomba y plena*.

Beat	Description	Song/ Artist Example
Cumbia	The most popular variety of Colombian music, which is a fusion of sounds from indigenous people from Colombia and African music that was brought to Latin America by slaves. Often accompanied by an accordion.	Check out anything by Sonora Dinamita or Carlos Vives.
Flamenco	Traditional gypsy song from the Andalusia region in southern Spain, with Arabic and North African influences. The most familiar *flamenco* instrument is not the castanets, but the guitar played at a feverish and passionate pace with melodies that reflect the influence of Arabic music. Song and dance may be accompanied by *jaleo*, rhythmic finger snapping, hand clapping, and shout-outs.	Ricky's "Maria" (original); "Lola, Lola"; anything by the Gipsy Kings will also get you moving.

BEAT	DESCRIPTION	SONG/ ARTIST EXAMPLE
Mambo	An Afro-Cuban dance and music style, combining the instrumentation and arrangement techniques of big-band jazz with the rhythmic vitality of Cuban music and improvisational jam sessions; conga drums and brass were added for a heavier sound.	Made popular by Tito Puente, the reigning King of the Mambo.
Merengue	A fast paced dance style with syncopated rhythm, derived from the Dominican Republic, introduced to Puerto Rico and later the United States during the '30s; typically, it is accompanied by a small accordion, or horns, with a two-headed drum called the *tambora*, and a singer who plays the *guiro*, an instrument made	Check out Puerto Rican chanteuse, Olga Tañón, one of the most popular merengueras around, or sexy up-and-comers, Grupo Heavy.

Beat	Description	Song/ Artist Example
Merengue (cont.)	from a hollowed and wooden gourd against which a stick against its ridges.	
Plena	A Puerto Rican folk ballad, often accompanied by guitars, *güiros*, *maracas*, and conga drums, typically performed by an ensemble that includes three or more *panderos* (small frame drums) and percussion instruments, and one or more non-percussive instruments such as a *sinfonía* (harmonica) or guitar.	"Marcia baila." Also see *bomba*, as the two usually go hand in hand.
Rumba	A style of dance music with Afro-Cuban folk origins and an African tradition of singing and drumming. Its basic rhythm is quick-quick-slow (called the *clave*); its trademark is side-to-	Think back to "Babaloo" from Desi Arnaz and that Cuban big-band sound. But

BEAT	DESCRIPTION	SONG/ ARTIST EXAMPLE
Rumba (cont.)	side hip movements. In Cuban taverns, home-made musical instruments such as pots and pans, bottles, and spoons accompany it. With Afro-Cuban origins, fusing the Latin influence back into jazz after the initial enthusiasm for instruments—congas, bongos, sticks, and other percussion instruments—allowed for a more authentic Cuban sound.	nowadays, the most popular group is Muñequitos de Matanzas.
Salsa	Literally meaning "sauce," it's a musical hybrid of Afro-Cuban, Afro-Puerto Rican, and Caribbean traditional sounds mixed with Latin jazz. Lots of improv singing called *soneos*. The polyrhythmic, syncopated music is usually played by a band of eight to ten musicians,	Celia Cruz is the undisputed Queen of Salsa; but for more modern approach, try listening to Victor Manuelle.

BEAT	DESCRIPTION	SONG/ ARTIST EXAMPLE
Salsa (cont.)	one or two lead singers, brass instruments (especially the trombone), piano, bass, conga drums, *timbales*, bongos, a cowbell, and other percussion instruments.	
Samba	Originally, *samba* was a generic term referring to West African-derived circle dances performed in Brazil. The more folk style, also called *batucada* (see above), is more syncopated, fast-stomping and is accompanied by percussion instruments and singing in which a soloist and chorus alternate. It is a group dance, done frequently in a circle.	If you want to hear how *gringos* do it, check out the album, *Red, Hot & Rio* with artists like Sting and George Michael. But the true pro is Sergio Mendes.

So, now you know not only is "La bomba" one of the catchiest dance tunes on *Vuelve*, but it is also the name of a rhythm typical of Puerto Rican music. But, according to Ricky, his "La bomba" can also apply to a woman, a party, a drink . . . whatever makes you move. Ricky's "La bomba" is not to be confused with the Mexican folk song which went rock 'n' roll, "La bamba," when performed by Ritchie Valens in 1958. Ritchie, by the way, was the first Latino to crossover into the U.S. market in a huge way. Unfortunately, his life was cut short by a plane crash, so he never reached his full potential. (Kind of eerie, if you think about Ricky's close calls in planes, too.)

After Ritchie, though, the Anglo market didn't open up again to Latin musicians until thirty years later when Julio Iglesias—a true international superstar whose record-breaking music sales still hold today—was widely embraced. In 1989, Iglesias won the Grammy for his album, *Un hombre solo*. Exactly one decade later one is prompted to ask, could Ricky Martin be the next Latino to carry the torch? If my bilingual Magic 8-ball is correct, all signs point to *sí*.

Ricky's post-Grammy life in the States has been a mind-boggling media and musical blitz. He appeared on *Saturday Night Live*, the *Today* show, MTV's *Total Request Live*, *The Rosie O'Donnell Show*, MTV's *FANatic*, and *The Tonight Show*—all in one month! Does he owe it all to the Grammy? Ricky doesn't want to go that far. "Yes, my life has changed," Ricky told the Puerto Rican press. "But I'm not going to give credit to the Grammy because of what has happened with me in these last months, because there have been many years in my career and at the same time a lot of dedication and discipline. The award accelerated the process, but life is perfect and all that was going to be given to me in one form or another. I can say that it has given me the opportunity to work with people like Sting, Elton John, Pavarotti, and Madonna."

One of the post-Grammy opportunities that Ricky was referring to was performing live at the Ninth Annual Benefit Concert for the Rainforest Foundation. Ricky was thrilled to work alongside some of the biggest names in music today while supporting a cause he strongly believes in. The concert, hosted by Sting and his wife, Trudie Styler, at Carnegie Hall included such musical impresarios as Tony Bennett, Billy Joel, and Don Henley. The performances that evening all honored the legendary Frank Sinatra. Each guest artist was asked to interpret a song that Frank had made famous, so it was just a question of which "ol' Blue Eyes" tune Ricky would cover. Even though Ricky's name was clearly printed on the program, he was not introduced with the rest of the performers at the beginning of the show, nor alluded to prior to the intermission. It was as if he were some sort of after-dinner, calorie-laden dessert no one spoke about but everyone anticipated.

Sure enough, at the start of the second act, Sting gave an elaborate introduction, including an anecdote about how his devoted wife was not only transformed into a giddy schoolgirl at the Grammys, she actually led the charge to the stage while Ricky strutted his stuff. As Sting recounted his tale, catcalls began to echo throughout the usually austere Carnegie Hall, as the younger audience members could taste the sweet anticipation of seeing this *hombre* on the rise.

And then it happened. Ricky sashayed on stage sporting a gray baggy suit and tie. His head was bowed down and covered coyly and mysteriously with a matching fedora. In true Broadway style, reminiscent of his days in *Les Miz*, Ricky lifted his head right on cue, and after a quick flash of his trademark smile, he belted out the old Cole Porter classic, "World on a String," a tune Frank Sinatra had also "tied around his finger." This brought a smile to many a face in the crowd that night. How completely appropriate!

Within the course of two minutes, Ricky and the 36-piece orchestra behind him kicked the concert up a notch with a lilting mambo version. At that moment, Ricky Martin looked remarkably like a retro Ricky Ricardo. As he belted out the last note, he playfully tossed his fedora into the audience. Ah, to be the lucky *señorita* who snagged that hat! After the applause settled, Ricky humbly passed the microphone to Elton John, whom he reverently touted as one of his idols and inspirations.

Ricky definitely added a youthful glow to the veteran star-studded evening. He was also the only male, besides Sir Elton, who had a wardrobe change during the show. Before returning to the stage to accompany the group finale "New York, New York," he slipped into the more standard black suit, *sans* tie. The man who had stormed Carnegie Hall was now appropriately singing the stanza, "If I can make it there, I'll make it anywhere." The crowd cheered as he threw yet another fedora (this one black) into the audience. It was clear on this night, on the cusp of the release of his first English-language album, that Ricky had indeed made it in New York.

So is all of this part of the master plan? You betcha. Long before the Grammys, Ricky Martin decided to conquer America—and what better way to do so than with an English language album? This project has been in the works since 1996, but Ricky knew it would all in the timing. Ricky's fifth solo album is his first all-English recording. And interestingly enough, it is simply titled *Ricky Martin*, just like his first album—almost symbolic in a way, as if he were starting from scratch.

But then again, musicians just starting out don't enjoy this kind of hype. Ever since his Grammy win in February 1999, the buzz has been of little else: Ricky and Madonna. Ricky and the Pope. Ricky and Rosie. Ricky on MTV. Ricky on *Saturday Night Live*. Ricky and Pavarotti. Ricky and Sting. It's been one giant crescendo, all leading up to the big day in May, when *la bomba verdadera*—the real bomb—drops. And you better watch out! With swaying hips, clinging clothes, pearly white teeth, and gleaming eyes—Ricky's out to get you.

Working with what Ricky has dubbed his own personal "dream team," his latest album is produced by the following music impresarios:

• Emilio Estefan, Jr. (yes, Mr. Gloria Estefan), who has his hands in just about every Latin recording these days.

• Desmond Child, whose resume of hits includes songwriting credits for Bon Jovi and Aerosmith. Despite his more metal background Child is Cuban-born, so he also is "very much in touch with the Latin sounds," according to Ricky.

• William Orbit, the funny-looking Englishman who was the driving force behind Madonna's Grammy-winning *Ray of Light* album and who produced Ricky and Madonna's duet.

• K. C. Porter, who has worked with Luis Miguel and Selena, and has also helped R&B

artists such as Boyz II Men and Janet Jackson crossover into the Spanish market.

- And of course, we can't forget about his pal Robi Rosa, the man with many names, but more importantly, the man with the Midas touch when it comes to writing hot tracks.

With this magical force behind him, *Ricky Martin* is destined to be hot-cha-cha! Even Child admits, "Ricky has come to a point which he is distinguished by an incomparable sound. There is no one that you can compare him to." Word. It seems as though with every new album Ricky moves farther and farther away from the prepackaged pop of yesteryear, and like a snake shedding its skin, exfoliates another layer of the manufactured Menudo image which has haunted him for the past fifteen years. He's proven himself to be the real deal all right.

Ricky's first single, "Livin' La Vida Loca" comes out hard, sexy, unapologetic, and bolder than ever—with a slammin' video to match— and people's minds are being blown to smithereens. The song entered the Billboard charts at number fifty-four and hit number one at the end of April 1999. If Ricky walked on eggshells in the beginning of his music career, he certainly isn't now! Ricky is ready to rock the English-speaking market, and now he can do so without compromise. He proudly retains his Latin flavor.

"I have not changed my sound," Ricky assured *People en Español*. "The congas and the drums will always be there." He further reiterated to *El Nacional*, "The only thing that changes in this record in relation to the previous ones is the language. The songs will continue having the same style and the same flavor." Also present will be those ballads that melt women's hearts. And of course, we can't forget the duet with Madonna. "I am making a fusion of genres," Ricky explained—and he's bringing the world together, too.

So now that you know all about Ricky's past and as much as he and the constellations can tell us about his future, there's only one remaining question. Where will Ricky be on New Year's Eve? If you're adventurous you'll look for him on the mountain tops—though I doubt you'll be able to track him down without a sherpa. He'll be in the Himalayas, where he will spend the New Year in deep meditation. The guy has to have some time to himself before he embarks on another whirlwind concert blitz around the world in February. The tour is slated to kick off in Puerto Rico—where else? That's where it all started for Enrique José "Kiki" Martin Morales and where we suspect he will always be centered.

The excitement has just begun, folks, so hold onto your *sombreros* . . . because Ricky's liable to turn them all inside out—livin' *la vida loca*—to the max!

Hot Cha-cha-cha!

Con tan sólo mirar a Ricky Martin, te das cuenta que es una persona *hot cha-cha-cha*.

Puede que sepas que este hombre guapo empezó su carrera en el controvertido grupo Menudo, compuesto solamente por chicos, y que actuó en *General Hospital*, pero Ricky ha hecho más que todo esto.

Lee y descubre:

- Por qué es tan importante para él su tradición puertorriqueña
- Cuáles han sido sus influencias musicales
- Qué experiencias que lo llevaron casi a la muerte han cambiado su vida
- Cómo ha influenciado la espiritualidad en su trayectoria
- En qué lugar de su cuerpo oculta un sexy tatuaje
- Qué es lo que le gusta de una mujer
- Qué dicen las constelaciones sobre él

Además hay citas increíbles, fotos muy calientes, una discografía completa y una lista de los premios que ha recibido, una guía sobre los platos favoritos de la comida de Puerto Rico y las distintas formas de la música latina que le gusta escuchar.

RICKY MARTIN

Livin' La Vida Loca

LETISHA MARRERO

HarperEntertainment
A Division of HarperCollinsPublishers

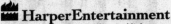**HarperEntertainment**
Una rama de HarperCollinsPublishers
10 East 53rd Street, New York, NY 10022–5299

ISBN 0–06–102056–7

Primera impresión: Agosto 1999

Impreso en los Estados Unidos de America

Visite el sitio en la Web de HarperEntertainment a http://www.harpercollins.com

❖ 10 9 8 7 6 5 4 3 2 1

*Este libro
está dedicado a:*

Mi hermanita, Camille, por tu espíritu tan
humilde e incontebible que tanto admiro.
Pero, además, por ser mi amiga más íntima. Y
a mami y a papi, por apoyar mis sueños, a
pesar de los momentos más oscuros, cuando
yo cobraba fuerzas para seguir adelante.

Estoy tan Agradecida a:

Lara Comstock, Hope Innelli y el grupo de HarperCollins por tener una fe ciega y darme licencia creativa;

Michelle M., Armand L. y los redactores de Latina, por su reconocimiento sin perjuicio, y llevar mi carrera hacia una direccion nueva. ¡Y a Sandy F., gracias a tí!

Victor, Veronica, Andrew y Robbie Marrero—por ser una familia fiel y por darme la oportunided de viajar a PR;

Carmen C., por tu amor, apoyo y ayuda en la hora undécimo;

Thaddeus D., el muchacho con quien siempre puedo contar

Pamela C., por tu poder psíquico y aportación simpática;

Mel, "El Jefe de Bombero," por incendiar el fuego dentro de mí y apagar las llamas de mi inseguridad. Además, por tu apoyo moral y técnico a través de toda esta aventura.

Contenidos

Introducción De Una Admiradora Devota

*L*o confieso: soy probablemente una de las admiradoras más devotas de Ricky Martin. Pero no siempre fue así. Es más, en la escuela secundaria fui una de las primeras jóvenes en seguir la moda de poner en mi cuaderno calcomanías que decían *"Menudo Sucks"*. También era muy escéptica cuando el melenudo Ricky Martin apareció en *General Hospital*. ¿Podría realmente actuar?, me preguntaba.

Pero escuchar su música durante los últimos años me ha robado el corazón por completo en años recientes. El ex Menudo Ricky Martin ha logrado gran madurez al fusionar las varias formas sincopadas con los ricos sonidos de la música latina. Y en vez de diluirlos ha creado una intensidad que se hace más profunda, como un vino fino añejo. Y ahora, con mis gustos musicales ensanchándose y mi escepticismo ablandándose, he empezado a respetar y a estimar al boricua que es considerado por muchos el embajador latino ante el mundo. De repente, me encuentro sonriendo mientral escribo esto, no con sarcasmo, sino con el orgullo nacional de ser una compatriota puertorriqueña.

Cuando aparece en televisión el aviso comercial de Ricky que promueve el turismo a Puerto Rico, en el cual nos dice tentadoramente "Venga a mi Puerto Rico", mi impulso inmediato es agarrar mi mochila de viaje. Ese carisma poderoso y magnetismo que Ricky Martin parece poseer es sin duda difícil de encontrar. ¡Prepárate! ¡Si no te agarras bien, te va a arrollar!

Mi teoría quedó demostrada en la ceremonia anual de los premios Grammy, presentada el pasado febrero. El rumor que corría antes de los Grammy era que éste sería el "año de la mujer" y que Lauryn Hill, la reina del *hip-hop*, presidiría la ceremonia. No obstante, por primera vez en la historia, y casi sin aviso previo, una actuación latina iba a incluirse en la transmisión en vivo. Y sin aviso previo Ricky Martin logró convertir su presentación en un espectáculo personal, del que salió radiante, como una perla aún más brillante que su famosa sonrisa. En tanto que otros intérpretes notables, entre ellos Madonna, que hacía su primera presentación en los Grammy, recibían aplausos tibios, Ricky obtuvo la única ovación de la ceremonia después de su presentación de *La Copa de la Vida*. Mientras Ricky nos transportaba a un carnaval de cuatro minutos, que incluía una línea de conga que desfilaba cadenciosamente por los pasillos, fue maravilloso ver a los *gliterati*, usualmente tan aburridos y bien peinados, saltar de repente de sus asientos. Puff Daddy se quedó con la boca abierta. Jennifer López y Jennifer Love-Hewitt sonreían. Siguió un clamor genuino de la muchedumbre atónita, que parecía decir: "¡Gracias por despertarnos, Ricky!" Su compatriota Jimmy Smits bien lo resumió inmediatamente después, cuando dijo: "¡Ricky hizo temblar el teatro!" Y cuando Ricky Martin recibió el premio a la mejor actuación de *pop* latino, para mí fue un momento casi apocalíptico. ¡Hasta tuve la esperanza de que volviera a cantar de nuevo! Él no cabía de la alegría después, y con toda razón: Madonna prácticamente se lo comió a besos entre bastidores, para felicitarlo por su presentación. "¡Ver a Will Smith siguiendo el ritmo de mi canción fue abrumador!", declaró Ricky a la revista *Time*. De repente, él era el niño favorito de la noche. Y así no más, 1999 se había convertido en el "año de Ricky".

Desde que Michael Jackson interpretó la canción *Billie Jean* durante el vigesimoquinto aniversario de Motown, hace más de 15 años, ninguna presentación había causado tanto revuelo. No hay duda alguna de que lo que vimos aquella noche fue solamente un adelanto de las grandes cosas que le esperan a Ricky Martin, ahora que se acerca el nuevo milenio y se prepara para lanzar su primer álbum en inglés. Incluso ha grabado una canción a dúo con Madonna, que es conocida por su capacidad de crear tendencias. El mismo Ricky explica, a propósito de los eventos recientes, que la meta de su primer sencillo *Livin' La Vida Loca* era "personificar mi vida, porque vivo una vida de locura". Pero no parece que la locura vaya a cesar muy pronto. El lanzamiento de la canción y del video en abril creó tanto revuelo que MTV llamó a Ricky Martin "The Next Big Thing". Su video ultrasexy está subiendo por las nubes la popularidad del programa *Total Request Live*, mientras las líneas de teléfonos y los buzones electrónicos no paran de pedir más Ricky Martin. Por fin los Estados Unidos empieza a enterarse de lo que millones de aficionados de Europa, América Latina e incluso el Lejano Oriente han venido diciendo durante años: ¡Ricky es el rey!

1

Comienzos no
Muy Humildes

Si le preguntas a Ricky cómo fue su niñez, te dirá que relativamente normal. Pero ¿cuántos chicos saben desde los seis años que quieren ser estrellas? Ricky lo sabía. Le había anunciado audazmente a su padre: "Papi, yo quiero ser un artista". La reacción de su padre fue comprensible. "Él se abrumó, porque nadie en la familia había estado antes en el mundo del espectáculo", explica Ricky. Lejos de ello. Su padre era sicólogo, y su madre, secretaria legal. Pero Ricky ya estaba decidido a convertir en realidad sus ambiciones. Cuando recuerda los días anteriores a la pérdida de la inocencia, Ricky Martin siempre piensa en su *islita* y en todos los buenos sentimientos que le trae su recuerdo.

Enrique José Martin Morales nació en Hato Rey, suburbio de San Juan, Puerto Rico, la noche del 24 de diciembre de 1971. ¡Es decir, en plena Nochebuena! Pero la felicidad no duró demasiado. Sus padres, Enrique Martin y Nereida Morales, se separaron cuendo Ricky tenia solamente dos años. Fue un divorcio amistoso y compartían la custodia de Ricky. De modo que "Kiki", como lo llamaban los más allegados, alternaba estadías y recibía el apoyo de sus dos progenitores en todos sus caprichos infantiles. Uno de esos caprichos era su gusto por hacer presentaciones en público. Entonces, con su obvio encanto de muchacho, Kiki se convirtió en modelo infantil y empezó a actuar en teatro juvenil y a cantar en un coro. Después de un año grabó su primer anuncio de televisión y descubrió que le gustaba estar frente a las cámaras. Ricky estaba ahora oficialmente "enganchado".

Incluso durante sus juegos infantiles Ricky obedecía al llamado de su vocación y producía teatro en su barrio. "Reunía a los vecinos y hacía teatro en la calle con mis amigos", contó a *People en Español*. "Escribíamos todo nosotros mismos y yo hacía mi aparición con los brazos en alto y exclamaba, 'Soy un árbol y le doy sombra y oxígeno al planeta.'" Obviamente, al muchacho le encantaba estar delante de una audiencia.

Cuando Ricky se dio cuenta de que el grupo Menudo, que tenía un popular programa de TV por las mañanas en Puerto Rico, estaba buscando un nuevo miembro, de inmediato entró en acción. Se presentó, muy nervioso, en dos ocasiones a las audiciones, pero fue rechazado las dos veces a causa de su corta edad. Sin embargo eso no desanimó al chiquito en absoluto. Durante dos años habían estado buscando a alguien que pudiera reemplazar al Ricky original, Ricky Meléndez, que fue uno de los primeros miembros y fundadores del grupo. Finalmente, en 1984, cuando Ricky Martin tenía solamente doce años, ganó a otros 500 aspirantes y demostró que la tercera vez es la que vale. Y de repente el joven Enrique José Martin IV se deshizo del apodo de Kiki y se hizo llamar Ricky Número 2.

Para Ricky, que siempre había anhelado viajar alrededor del mundo y convertirse en una estrella, unirse al grupo Menudo fue un sueño hecho realidad. Y no tuvo que esperar mucho tiempo para empezar a viajar. Al día siguiente de que sus padres firmaran el contrato se encontraba ya en un avión rumbo a Orlando, Florida, donde el grupo grababa un anuncio publicitario. "Todo sucedió muy rápido", comentó a *People en Español*. "Un día estaba montando en mi bicicleta en el parque y al día siguiente me encontraba en un escenario cantando frente a 200 mil personas". Ricky no lo pensó dos veces antes de alejarse de su familia, ni se inquietó por lo que esto pudiera significar más tarde. "Estaba tan entusiasmado por ser parte del grupo que incluso mis padres estaban sorprendidos de lo fácil que podía alejarme de ellos. Les parecía mentira que un niño tan apacible y que le encantaba estar en casa pudiera irse sin ningún remordimiento", dice.

Pero eso, precisamente, fue lo que hizo. Con abandono temerario, con determinación y gran carisma juvenil, Ricky se embarcó como miembro clave de Menudo en una excursión que lo formaría en muchos aspectos y lo atormentaría en otros por el resto de su joven carrera.

2

Los Días De Menudo

Antes que se hicieran famosas formaciones como *98°*, *'N Sync*, los *Backstreet Boys* o los *New Kids on the Block*, o cualquier grupo formado por muchachos solamente destacaren en el panorama musical, Menudo ya estaba alumbrando el camino. Este grupo llevó la palabra publicidad a su máxima expresión. Edgardo Díaz, el hombre que creó a Menudo en Puerto Rico en los años 70, hizo del grupo un club rotativo, como el *Mickey Mouse Club*. Y para mantener su atractivo juvenil, se exigía que los miembros más antiguos se retiraran tan pronto como el cambio de voz o la barba anunciaran la pubertad.

Cuando Ricky Martin llegó al escenario en 1984, Menudo, que significa "monedas" en la jerga boricua, ya había jubilado a 20 miembros y se había convertido en un negocio multimillonario. El grupo acababa también de hacer su gran entrada en el mercado estadounidense en inglés. Ricky tenía 12 años, aunque, según él mismo dice, "parecía de ocho". De modo que resultaba muy posible que permaneciera largo tiempo con el grupo.

El mismo Ricky admite que la fórmula "chicle" tenía sus problemas. "Era el comercialismo en su grado más elevado. Es cierto, y de ello no estoy muy orgulloso", confesó al diario *Los Angeles Times*. "Pero no tengo que disculparme tampoco. Fue una escuela maravillosa para mí". La realidad es que Menudo tenía mucho de escuela militar, con una pizca de escuela de modales. A los muchachos se les enseñaba cómo vestirse, cómo cantar e incluso cómo comportarse. Díaz, director exigente que dejaba muy claro para todos que él era el que mandaba, contrató a un equipo de compositores, coreógrafos y expertos en vestuario, para asegurarse de lograr lo que quería. Los muchachos tenían tutores que les enseñaban las cosas más básicas, no sólo académicas, sino ¡incluso el tipo de utensilios que debían usar en una mesa de comer!

No fue difícil, sobre todo al principio, olvidarse de las libertades a cambio de llegar al estrellato. Como Ricky mismo confiesa, se incorporó al grupo por la fama... y las muchachas. "Yo no quería ser cantante. Lo que quería era formar parte de Menudo. Quería dar conciertos, viajar, conocer chicas bonitas". Tampoco le tomó mucho tiempo convertirse en un mujeriego. Con su adorable cara y su personalidad encantadora, Ricky no tardó en robar el corazón de muchas chicas. Al mirar en retrospectiva, Ricky dice que ya eliminó ese rasgo de su personalidad. "Cuando yo estaba con Menudo, teníamos muchas muchachas. Ya superé todo eso. Ahora tengo otra prioridad, y esa es la de vivir un día a la vez. No estoy saliendo con chicas, pero estoy creciendo", declaró a *People*.

Una vez convertido en miembro oficial del grupo, tenía poco tiempo para estar con su verdadera familia. La vida como integrante de Menudo significaba estar de gira hasta nueve meses al año y a veces ensayar hasta dieciséis horas diarias, con Edgardo Díaz decidiéndolo todo. Este horario exigente fue la causa de la ruptura verdadera entre los padres de Ricky, que antes habían compartido sin problemas la custodia de su hijo. Como las visitas de Ricky se hicieron tan poco frecuentes, sus padres comenzaron a pelearse constantemente para ver cuál de los dos pasaría más tiempo con él. "Yo tenía todo lo que quería en la vida", dijo Ricky a la revista *People*, "pero mi familia se estaba destrozando. Hasta ese momento yo había sido el 'pegamento' que hacía posible que ellos fueran amables el uno con el otro". Todo se desintegró un día, cuando su padre pidió a Ricky que eligiera entre uno de los dos. Apenas cumplidos los 15 años de edad, Ricky se puso furioso con él. "¿Cómo se le puede pedir eso a un niño?", pregunta. En un acto de rebelión, decidió quedarse con su madre. Y fue tanto el enojo que sintió contra su padre por haberlo obligado a escoger, que dejó de hablarle durante casi diez años.

Mientras tanto el pequeño Ricky maduraba y se convertía en un joven atractivo. Empero, a pesar de haber logrado fama y fortuna y alcanzado lo que siempre había soñado, crecer en el ambiente de Menudo tenía sus desventajas para alguien tan creativo como Ricky. Él, que había sido dramaturgo y productor de barrio, empezó a sentirse frustrado por la imposibilidad de expresar su individualidad. "Nuestra creatividad estaba ahogada", afirma.

Algunos de los muchachos—como su gran amigo Robi Rosa, que durante esta época también era miembro de Menudo—habían compuesto sus propias canciones, pero Díaz no les permitía presentarlas. "Comenzamos a cuestionar la necesidad de ensayar los mismos números una y otra vez", dijo Ricky a la revista *People*.

Sin embargo, el duro trabajo de los muchachos estaba dando frutos. Menudo ganaba terreno en los Estados Unidos. Con el lanzamiento de su primer álbum en inglés, *Reaching Out*, en 1984, había irrumpido en el mercado anglo. El grupo inclusive apareció en el popular programa de TV *The Love Boat*. Y era famosa la frase de entrada de Ricky (redoble de tambor, por favor): "¡Y yo soy Ricky!"

A través de los años, Menudo trató de mantenerse en la onda, cambiando según el momento, pasando incluso por una fase de rock-and-roll más afilado durante los años 80, cuando vestían *leggings* de Lycra brillante, jeans "lavados con ácido" y cinturones *wrap-around*. Los miembros del grupo se ponían *crop-tops*, *headbands*, *spiky*, pelo de punta, es decir, el equipo completo. Incluso grabaron en español una canción del grupo KISS, *I Was Made for Loving You* ("¡Ay! ¡Dulce niño mío!").

Cuando llegó la hora de retirarse del grupo, Ricky estaba más que preparado. "Le di a Menudo todo lo que tenía", dice, "y cuando sentí que era el momento de separarme de ellos, me fui completamente convencido de que estaba listo para iniciar otra etapa, tanto de mi carrera como de mi vida".

Entonces, el 10 de julio de 1989, exactamente cinco años después de la fecha en que se incorporó, Ricky dejó el grupo. "La experiencia de Menudo resultó maravillosa; me dio más de lo que me quitó. Me enseñó a ser disciplinado, lo cual es algo que todavía practico hoy en día". Pero lo que iba a hacer Ricky a partir de ese momento resultaba un misterio para todos, especialmente para él. Por primera vez en cinco años estaría al mando de su propia vida. Pero antes tendría que averiguar quién era el verdadero Ricky Martin —y sin contar con el respaldo del nombre de Menudo.

3

Solista

Después de retirarse del grupo Menudo, la cuestión inevitable sobre qué sería lo próximo acechaba en la mente de Ricky. Hay que reconocer que históricamente Menudo no había servido como plataforma de lanzamiento de carreras sobresalientes de solistas. El mismo fundador de Menudo, Edgardo Díaz, admitió al *Chicago Tribune*: "Ni todos los chicos serán artistas por el resto de sus vidas, ni todos ellos aprenderán las mismas cosas. Pero les enseñamos la habilidad del trabajo duro". En otras palabras, no había ningún plan de jubilación. Ni tampoco grupos de apoyo para "Menudos Anónimos".

Una vez fuera del grupo, uno tenía que arreglárselas solo. O nadabas o te hundías. ¿Y dónde estaba Ricky Martin? Se encontraba en aguas profundas. "Fue un choque verme solo después de tantos años de estar en gira", dijo a *Los Angeles Times*. Entonces, en vez de chapotear en el agua, Ricky decidió ahogarse en el anonimato por un tiempo. "Me desconecté del mundo artístico durante un año, para reflexionar, purificarme y lograr madurez. Fue necesario, porque los primeros cinco años de mi carrera habían sido muy intensos". En otras palabras, este muchacho necesitaba algunos momentos de paz y tranquilidad para decidir su futuro.

Muy prudentemente, Ricky había ahorrado todo el dinero ganado con Menudo, que equivalía a una pequeña fortuna. Tenía pues lo suficiente para vivir cómodamente por un tiempo. Primero, Ricky se tomó seis meses para finalizar el bachillerato en Puerto Rico, y entonces se fue de vacaciones a la ciudad de Nueva York. Pero lo que empezó como un viaje de sólo diez días, se convirtió en una larga estadía. Ricky llamó a su madre y le dijo: "Mami, voy a quedarme". A lo que ella, según él recuerda, respondió: "¡Ay! ¿Estás loco, muchacho?"

"Quizás lo estoy", pensó Ricky. Y la verdad es que para él aquellos fueron tiempos de incertidumbre. "Estaba cansado y confundido. No sabía si quería ser cantante o carpintero", confesó a *People en Español*. De modo que alquiló un apartamento en Astoria, Queens, un barrio mayormente griego, y pasó un tiempo en el anonimato (lo cual no resulta difícil en Nueva York). Durante aquella época no hizo "absolutamente nada", excepto holgazanear y quizás leer poesía. Cuando decidía salir, iba al cine o a un concierto o simplemente a pasear por las calles.

"Quería conocerme a mí mismo", dijo Ricky a *Los Angeles Times*, "pues los primeros cinco años de mi carrera habían sido una lluvia constante de euforia, adrenalina y muchos sentimientos confusos". Por primera vez en su joven vida, Ricky podía pasear por las calles y solamente observar a la gente, sin tener la preocupación de ser observado.

Pero con el tiempo terminó por cansarse de no tener metas concretas. Empezó a recibir clases de actuación y baile, y a hacer un poco de modelaje, pero no estaba totalmente seguro de que pudiera orientarse de nuevo. Incluso en cierto momento declaró que jamás volvería a pisar un escenario. Sin embargo, había una persona que nunca lo dejaría en paz: su madre. Gracias a sus regaños, sermones y pullas—cosas que tan bien saben hacer las madres—a Ricky solamente le tomó un año volver a retomar el camino.

En septiembre de 1990 viajó a México,

donde se alojó con algunos amigos. Mientras estaba allí, fue a ver una obra de teatro que presentaba una de sus amigas, Angélica María, que se llamaba *Las Zapatillas Rojas*, una parodia mexicana de *El Mago de Oz*. Dos semanas más tarde Angélica le invitaba a hacer su debut teatral en una comedia musical titulada *Mamá Ama el Rock*. "No pensé que fuera a ser tan fácil; bueno, no fácil, sino repentino", declaró Ricky a *La Prensa de San Antonio*. "Tuve sólo ocho días para prepararme para la representación".

Aunque Ricky tenía un papel de protagonista, lo hacía sentirse un poco más tranquilo el hecho de trabajar con un reparto conjunto y también que el espectáculo fuera un musical. La noticia de que el ex cantante de Menudo había resurgido en México se difundió como la salsa Tabasco. De repente, multitudes de muchachas llegaban al teatro gritando: "Queremos a Ricky roquero, lo queremos entero".

Una noche, después del espectáculo, a Ricky se le acercó un productor llamado Luis de Llano, quien le ofreció un papel en la telenovela *Alcanzar una Estrella II*. Como la telenovela era sobre un grupo de músicos jóvenes que se esforzaban por lograr fama y fortuna, a Ricky le resultó relativamente fácil hacer el papel de uno de ellos, un bondadoso personaje llamado Pablo. Bajo la guía y dirección de Luis de Llano, los seis miembros del reparto formaron una banda imaginaria, llamada *Muñecos de Papel*, e hicieron presentaciones en el programa—algo semejante a la familia Partridge, del programa de TV.

Cuando los *ratings* de la telenovela comenzaron a subir, de Llano decidió que el grupo grabara un álbum y presentara varios conciertos representando a sus personajes. Algunos de estos conciertos atrajeron multitudes de hasta 65 mil personas. Pero para Ricky lo más maravilloso fue poder cantar en vivo otra vez. De repente, se dio cuenta de que su destino era el de intérprete. Y otra vez volvió a enamorarse del arte de hacer música.

Gracias a sus nuevas conexiones—en particular con Ángelo Medina, Jr., quien es hoy todavía su director artístico—Ricky pudo grabar su primer álbum como solista, en 1991. Como ya conocía lo que es el trabajo duro, pasaba las mañanas filmando la telenovela, las tardes presentando el musical y los fines de semana trabajando en su álbum. La serie de TV terminó por volverse tan popular que se filmó una película, titulada *Más que Alcanzar una Estrella*. Pero en la película, en vez de hacer el papel que representaba en la serie, Ricky hizo el papel del antagonista, Enrique. Y obviamente tuvo éxito, pues ganó por su actuación el premio Heraldo, que es el equivalente mexicano del Óscar.

A partir de ese momento, Ricky se limitaría

a la música. Sin embargo, nada es seguro
en esta vida. Empezar una carrera exitosa de
grabaciones como solista era una tarea abru-
madora que podía causar un ataque de pánico a
cualquiera. Especialmente teniendo en cuenta
que ningún otro miembro de Menudo lo había
logrado hasta entonces. Quien estuvo más
cerca fue su amigo Robi Rosa —a quien se
conoce hoy con el apodo de Ian Blake Draco o
también Cornelius Rosa. Robi había actuado
en una película llamada *Salsa*, en el año 1988,
que fue considerada por la crítica como un
sucedáneo de la popular película *Dirty Dancing*.
Desafortunadamente, por esta interpretacíon,
Robi fue nominado para el premio Razzie, el
contrario del Óscar, que se creó para celebrar
lo peor de lo peor.

Sin embargo, la película tuvo algo de bueno,
y esto fue que durante el rodaje Robi tuvo la
dicha de conocer a su esposa, Ángela Alvarado.
Poco después, quizás cegada por el amor, la
pareja hizo una película en Alemania, que se
llamó *Los Verdaderos Hombres no Comen Gummi
Bears*. (No bromeo. ¡Este tipo de cosas no se
pueden inventar!) Luego de grabar varios discos como solista, Robi se dio cuenta de que sus
habilidades resultaban más útiles entre bastidores. A igual que Robi, Ricky estaba a punto
de empezar por su cuenta y riesgo la carrera de
solista y corría el peligro, si no hacía las cosas
bien, de dar pie a que se burlaran de él y le

hicieran chistes, como había sucedido tantas veces con los otros ex Menudo.

Su primer álbum como solista, que salió a la venta en 1992, llevaba el poco audaz título de *Ricky Martin*. Gracias a la popularidad de Ricky en el teatro y la televisión de México, el álbum tuvo éxito, permaneció en las listas del pop latino durante 41 semanas y produjo cuatro sencillos exitosos: *Fuego contra Fuego, El Amor de mi Vida, Vuelo* y *Todo es Vida.* Dos años más tarde Ricky viajó a España a grabar su segundo álbum, *Me Amarás.* Éste no tuvo el éxito que esperaba y desapareció de las listas luego de cinco semanas, sin llegar a los *Top 20.* No obstante, produjo tres sencillos exitosos: *Me Amarás, Entre el Amor y los Halagos* y *¿Qué Día es Hoy?,* que es una versión en español de la canción *Self Control,* de 1984, interpretada por Laura Branigan.

Aunque los dos discos gozaron de bastante éxito en América Latina y Ricky pudo conservar la fidelidad sus jóvenes admiradoras, la crítica les dio una acogida apenas tibia. En aquel momento Ricky evitaba correr demasiados riesgos en el aspecto musical y había todavía un persistente sabor a chicle en sus canciones.

En 1993, mientras se encontraba de gira por América Latina—cubriendo 60 ciudades en 20 países, Ricky sufrió una serie de reveses. A mitad de la gira tuvo que cancelar varios conciertos debido a la escasa venta de boletos y a una misteriosa racha de mala suerte.

Durante la filmación del video de su segundo sencillo, *Dime que me Quieres*, Ricky perdió el control de la Harley-Davidson que conducía. La moto se estrelló contra una barrera y se incendió. "¡Vi la muerte muy cerca!", le dijo a su amigo David de la Orta. "Pensé que me iba a matar o que quedaría desfigurado". Por fortuna Ricky sólo sufrió un golpe en la pierna.

Aunque el golpe hubiera podido ser mucho más grave, sí fue severo y lo obligó a guardar reposo durante dos semanas, ya que le impedía moverse en el escenario. De modo que tuvo que cancelar sus presentaciones en México, donde su fama había surgido. Decidió viajó a Argentina para recuperarse y quizás volver a empezar la gira en ese país. Pero a su madre este viaje le daba mala espina y, tal como sucede a menudo con las intuiciones maternas, sus premoniciones se cumplieron.

Al llegar a Buenos Aires, Ricky sufrió un accidente de auto mientras viajaba con su madre del aeropuerto al hotel. Su coche se estrelló con una camioneta y luego chocó contra un poste de semáforo. Fue un milagro que los dos salieran del accidente solamente con heridas menores. Sin embargo, doña Nereida tenía el presentimiento de que aún iban a ocurrir cosas peores. Y así sucedió.

Ricky empezó a recibir amenazas de muerte en su hotel, que inquietaron a todos. Pero él todavía quería seguir adelante con la gira, y, siempre fiel a sus compromisos de negocios, asistió a una entrevista radial que tenía programada. Cuando salió de la emisora, le saludó una muchedumbre que quería ver a la estrella. De repente, Ricky se encontró en medio de una multitud de fanáticos histéricos, lo que puede resultar verdaderamente aterrador, especialmente si has recibido amenazas de muerte.

Pero la mala racha no paró allí. Ricky se vio de nuevo cerca de la muerte varias veces, esta vez en el aire. La primera tuvo lugar en Argentina, cuando él y su grupo abordaron una avioneta que quedó atrapada en una tormenta y casi perdió el control a causa de la turbulencia. Pocos meses después, cuando Ricky acababa de llegar a los Estados Unidos, al avión en el que había viajado se le agotó la gasolina y se estrelló, pocos momentos después de que él desembarcara en San Diego. Pereció el piloto y el rumor de la muerte de Ricky se difundió como pólvora entre sus admiradores. Ricky agradeció haber sobrevivido los dos accidentes, que fueron para él causa de reflexión. "No estaba allí, pero [el choque del avión] fue muy duro para mí," dijo a *Los Angeles Times*. "Al parecer existen razones para que yo esté todavía por aquí".

Resulta irónico que hoy en día algunas de las

actividades favoritas de Ricky tengan que ver con volar: es aficionado a los paracaídas planeadores y algún día le gustaría aprender a manejar aviones. Lo cual no deja de ser sorprendente, si se piensa en los sustos que ha pasado en el aire.

Fue entonces cuando su suerte cambió por completo. Al parecer Ricky estaba destinado a quedarse en los Estados Unidos —y en tierra— por lo menos durante un tiempo.

4

Ingresa Al
General Hospital

Después de *Me Amarás*, la carrera como cantante de Ricky quedó un poco debilitada. Aunque hubiera podido quedarse en América Latina y vivir cómodamente de sus derechos de autor, Ricky anhelaba más. ¿Quién iba a pensar entonces que lograría tanto éxito en los Estados Unidos en una telenovela norteamericana?

En 1994, Ricky apareció como actor invitado en una comedia de la cadena NBC, llamada *Getting By*, y pocos meses más tarde hizo un segmento piloto de TV titulado *Barefoot in Paradise*, que, como sucede a menudo con este tipo de segmentos, nunca salió al aire. Pero eso no importaba demasiado. Ricky estaba entrando en el mundo de la televisión diurna, que es en sí mismo otro mundo.

Para obtener un papel en la telenovela americana de más larga duración, *General Hospital*, el *manager* personal de Ricky, Ricardo Cordero, envió videos y discos a los productores de ABC y los invitó a varios conciertos multitudinarios de Ricky en Sur América. ¡Y el plan salió bien!

Aquí hace su aparición Miguel Morez, personaje meditabundo que llegó al pueblo de Port Charles, proveniente de Puerto Rico, después de haber sido separado de su novia de la niñez, Lily. Con su pelo lacio, Ricky parecía sacado de la cubierta de una novela romántica, como un Fabio boricua. Las mujeres se enamoraron inmediatamente de él, a pesar de que nunca decía más de tres frases seguidas, quizás para esconder su acento latino. Al principio, el papel de Miguel era de enfermero del hospital. Cuando los productores se dieron cuenta de su don de palabras, le hicieron hacer una escena en la que disuadía a una mujer para que no cometiera suicidio. Luego hizo de barman en el bar ficticio "The Outback", y, como todos los bármanes ficticios, Miguel pasaba más tiempo escuchando los problemas de otros personajes que preparando bebidas. Pero lo más importante era que el bar servía de escenario para que Ricky pudiera mostrar su talento musical.

En aquel momento, Ricky y su coprotagonista, Lily Melgar, eran dos de los tres únicos latinos que aparecían en la televisión diurna (el otro era Diego Serrano, del programa *Another World*). Así Ricky ayudaba romper en cierto modo los estereotipos de Hollywood que presentaban a los latinos solamente como traficantes de drogas o miembros de pandillas. Cuando Miguel, el personaje que representaba Ricky, se reúne con su amada Lily, que era también la musa inspiradora de su música, la pareja decide volver a Puerto Rico para buscar a su hijo. Lily había entregado al niñito en adopción, obligado por su padre que era un gánster.

Después de un breve secuestro (¿qué seria una telenovela sin un secuestrito?) la pareja vuelve a Port Charles, pero las cosas entre ellos ya no son lo mismo. Su relaciónes pasa por problemas cuando Lily insiste en dar la luz a otro niño inmediatamente, para reemplazar su pérdida. Empero, en esos momentos, Miguel se encuentra demasiado absorbido por su carrera como cantante. De hecho, el legendario Julio Iglesias, que hizo una especial actuación como actor invitado, conoce a Miguel en el estudio ficticio de grabación, L&B Recordings, y sin duda le ofrece consejos profesionales sobre la vida de artista. Los productores del programa incluso trabajaron en un guión en el que Miguel presentaba un megaespectáculo en su Puerto Rico nativo.

Y ¿qué sería una telenovela sin el inevitable triángulo amoroso? El rival de Miguel era Sonny Corinthos, que perseguía a Lily para que Miguel dejara de conquetear con su novia Brenda, la de la "B de L&B." Pero realmente era Brenda quien se ponía celosa cuando veía juntos a Sonny y a Lily. ¿Quién lo entiende? Pero Brenda se ponía celosa cada vez que veía juntos a Sonny y a Lily. ¿Quién lo entiende? Y entonces sucedió lo siguiente: Brenda engañó a Sonny, Lily engañó a Brenda, Miguel se indignó, pero Sonny se quedó con la muchacha—Lily, la novia de Miguel—y se casó con ella. De esta forma sale Miguel de la telenovela.

Ya que el personaje de Miguel Morez no muere, la puerta queda en principio abierta para que Ricky haga un regreso dramático al *General Hospital*. Pero él duda que vaya a volver a Port Charles. Y otros desafíos en su carrera lo esperan. Lo próximo, su oportunidad dorada, sería un papel en el gran musical *Les Misérables*. Y, como el mismo Ricky dice: "Una vez que se ha llegado a Broadway no se puede retroceder".

¿Qué otros "ex alumnos" han logrado hasta el momento salir de Port Charles, además de Ricky? Fíjate bien. La lista te sorprenderá.

LA PLATAFORMA DE LANZAMIENTO: LA CARRERA DESPUÉS DE *GENERAL HOSPITAL* :

Esta es sólo una breve lista de algunas de las estrellas notables cuyas carreras empezaron o reempezaron al desembarcar en Port Charles. Algunos, como Ricky, fueron ídolos juveniles, otros no. Pero todos tienen algo en común con nuestro Ricky:

Nombre	Año	Personaje	Pero ¿puede cantar?	Comparación con Ricky
Shaun Cassidy	1987	Dusty Walker	Sí	También tuvo que deshacerse de su imagen limpia de *Hardy Boy*, pero hizo la transición de actor a cantante y tuvo admiradoras internacionales, especialmente entre las jovencitas de los años 70.
John Stamos	1982–1984	"Blackie" Parrish	así, así	Con GH inició su carrera como ídolo. Figuró en la lista de "las 50 personas más bellas" de la revista *People*, en 1990. También actuó en Broadway, en el musical *How to Succeed in Business Without Really Trying!*, en 1995.

Nombre	Año	Personaje	Pero ¿puede cantar?	Comparación con Ricky
Antonio Sabato, Jr.	1992–1995	"Jagger" Cates	No nos importa ¡lo compramos!	Compartió la pantalla con Ricky en GH e hizo las tardes deliciosas para muchas espectadoras. Ambos han colaborado con Janet Jackson (Antonio en el video de Jackson, *Love Will Never Do*; Ricky, en un anuncio para Pepsi). Ambos son modelos de diseñadores de marca (Antonio: Calvin Klein; Ricky: Armani) y ambos hacen que las mujeres se desmayen cada vez que se quitan la camisa.
Rick Springfield	1981	Dr. Noah Drake	Sí	Otro actor que se convirtió en cantante y también ganó un Grammy, en 1982.

Nombre	Año	Personaje	Pero ¿puede cantar?	Comparación con Ricky
Jack Wagner	1983–1991, 1994	Frisco Jones	El jurado aún no ha decidido	El antagonista de *Melrose Place*, que también había flirteado, aunque brevemente, con la música.
Mark Hamill	1972–1973	Kent Murray	Cantó "Guys and Dolls" en una aparición como invitado en *Los Simpsons*	La estrella de *La Guerra de las Galaxias*, que se convirtió en ídolo intergaláctico con sólo un superéxito.
Demi Moore	1983	Jackie Templeton	Afortunadamente no	Ambos doblaban voces de personajes en películas animadas de Disney (ella era Esmeralda en el *Hunchback of Notre Dame*; Ricky era el *Hércules* de la versión en español); Ricky dice que dejaría todo para ser su coprotagonista en una película.

Nombre	Año	Personaje	Pero ¿puede cantar?	Comparación con Ricky
Liz Taylor	1981	Helena Cassadine	Es una leyenda viviente, cante o no cante	Ambos promocionan la educación sobre el SIDA y la búsqueda de una cura. Además debemos incluirla ¡porque es tan chévere!
Tía Carrere	1985–1987	Enfermera Jade Soong Chung	Por lo menos puede tocar la guitarra	Ambos nacieron en islas tropicales que pertencen o están asociados a los Estados Unidos (Hawaii y Puerto Rico).

5

Recuerdos a
Broadway:
De Miguel a Marius

Se le había hecho una enorme campaña publicitaria y era sumamente esperada. Carteles gigantes aparecían por todo el centro de la ciudad. Era más un éxito popular que de crítica, lo que llevó a su autor a decir: "Todas las críticas han sido reaccionarias y más o menos hostiles". Pero las reseñas desfavorables no tuvieron ningún efecto sobre el público. La gente se peleaba literalmente para obtener ejemplares, tanto para ella como para sus clientes. Se formaron largas colas y congestiones de tráfico mientras la multitud trataba de obtener uno de los 48.000 ejemplares que salieron el primer día.

¿De qué estamos hablando? No estamos describiendo el lanzamiento del álbum en inglés de Ricky Martin. Nos referimos a un evento que sucedió en París en el siglo XIX: la salida al mercado de la famosa novela de Víctor Hugo, *Les Misérables*.

Irónicamente, algo similar sucedió más de cien años después, en 1985, cuando la versión musical de la misma novela se estrenó en Londres. Apesar de las malas críticas, la comedia musical *Les Misérables* fue apreciada por la gente corriente. Y la popularidad del libro y la comedia musical alcanzaron proporciones mundiales.

Como ustedes se dan cuenta, la semejanza con la carrera de nuestro protagonista, Ricky Martin, es evidente. Hasta hace poco Ricky era más reconocido por el público que por los críticos. Por esta razón su triunfo en Broadway resultaba especialmente significativo. "Yo creo, modestia aparte, que llegué a otro nivel. Me aceptaron en Broadway, que es algo muy hermoso. He dado un salto cuántico". Para Ricky, *Les Misérables* fue otro sueño hecho realidad.

¡Y pensar que todo sucedió por pura casualidad! Cuando Ricky estaba en la Florida promocionando su tercer álbum, *A Medio Vivir*, en los estudios de MTV Latino, fue entrevistado por el *Miami Herald*. El reportero le preguntó: "¿Qué otra cosa quieres lograr antes de morir?" Ricky le respondió: "Broadway. Broadway es el lugar donde hay que estar". Por suerte, Ricky no tuvo que venderle el alma al diablo para realizar su deseo. Richard-Jay Alexander, el productor ejecutivo de *Les Misérables*, leyó el artículo con mucho interés e inmediatamente llamó a Ricky. Se conocieron, Ricky le cantó unas cuantas canciones, que al final fueron consideradas como una audición. Ahí mismo, en ese mismo momento, Alexander le dijo que el trabajo era suyo y fue contratado para que desempeñara el papel de Marius.

Les Misérables, la historia escrita por Víctor Hugo, es una obra muy intensa que toca el alma. Y la versión popularizada tiene una música maravillosa, que le ha valido un éxito que ha durado diez años y aún continúa. Además, lo que más la destaca de otras obras musicales de Broadway, es que todos los papeles son siempre cantados, nunca hablados, como una especie de ópera. Indudablemente, debutar en una de las obras musicales de Broadway más triunfales y complicadas puede atemorizar a cualquiera, aunque se trate de alguien tan talentoso como Ricky. Además su voz tenía que estar en perfecta forma. Aunque Ricky no era el protagonista principal, el papel de Marius es muy importante en la obra. Para asegurarse de entender su personaje a fondo, Ricky vio *Les Misérables* veintisiete veces. "En una obra de teatro, hay que estar además atento a las luces, al movimiento, al canto y al baile. Y yo quería prepararme bien", dijo a *Soap Opera Magazine*.

Ricky recibió también "puntos adicionales" por leer la novela original de Víctor Hugo a fin de entender mejor a Marius. Aunque los antecedentes de Marius como el estudiante joven idealista de la revolución Francesa no se revelan por completo en la obra musical, su historia es parte integral del carácter del personaje. En palabras de Ricky: "El personaje pasa por muchos cambios. "El personaje pasa por muchos cambios. Es un joven rico que viene de los suburtios y cuando se muda a la ciudad, de repente, se encuentra que se está muriendo de hambre". Su amigo muere en sus brazos y él se hace amigo de unos personajes maravillosos, que también mueren". Esta última escena proporciona el sombrío escenario para la canción de Marius *Empty Tables, Empty Chairs* (Mesas Vacías, Sillas Desocupadas), que es el momento en el cual el personaje se da cuenta de los horrores y consecuencias de la guerra. Pero antes, Marius se enamora de Cosette, la hija adoptiva del personaje principal, Jean Valjean, que es seguido por Javert, el malvado de la historia, quien desde hace 19 años anda en busca de Valjean. Los dos jóvenes se separan, pero a Marius lo consume el recuerdo de Cosette, con la que canta el dueto *A Heart Full of Love* (Un Corazón Lleno de Amor). Pero su joven amiga, Eponine también está secretamente enamorada de él. Ella, aunque reacia, accede a ayudarle a encontrar a Cosette. Al regresar a las barricadas después de entregarle a Cosette una carta de amor escrita por Marius, Eponine es alcanzada por una bala y muere en los brazos de Marius. En este doloroso momento Marius le canta una triste canción, *A Little Fall of Rain* (Un Poco de Lluvia).

La historia avanza, los rebeldes son atacados por detrás de la barricada cuando se les acaba la munición, y a todos se les da por muertos, incluido a Marius. Valjean, el hombre que iba ser su suegro, ve al herido Marius y lo carga en sus hombros por las alcantarillas de París. Cuando Marius despierta encuentra a Cosette cuidándolo, sin saber quién fue el que lo rescató, hasta el día de su boda, cuando los turbios padres de Eponine tratan de chantajearlo con la "prueba" de que Valjean es un asesino, haciendo aparecer una sortija robada de un "cadáver". Pero adivinen. Marius reconoce su propia sortija y se da cuenta de que Valjean es el hombre valiente que lo salvó.

Es una historia tremendamente poderosa y emocionante, si bien los momentos emotivos con Ricky sólo comienzan en el segundo acto. Cincuenta minutos pasan antes de que haga su entrada triunfal en su papel de Marius. Sin embargo, Ricky desempeña otros tres papeles en la obra: el de presidiario en el prólogo, el de agricultor y el de policía. "Es increíble, porque me da la oportunidad de establecerme en la obra antes de representar el papel de Marius", dijo a *Soap Opera Weekly*.

Ricky no tuvo demasiado tiempo para ensayar *Les Misérables*. Solamente contó con once días para aprenderse todos sus papeles y movimientos, debido a su itinerario sumamente atareado, que incluía la gira de promoción de su ultimo DC, *A Medio Vivir*, que salió a la venta en 1995. Después de terminar *General Hospital* en Los Angeles, regresó a Nueva York, donde ensayó durante seis días. Luego salió para España para actuar en varios conciertos. Regresó a Nueva York de nuevo para ensayar cuatro días más. Y finalmente tuvo un ataque de laringitis y bronquitis, lo que contribuyó a aumentar el nerviosismo natural que se siente antes de subir al escenario.

Por fortuna la voz le regresó a tiempo para su gran debut. El teatro estaba lleno. Incluso la reina de la salsa, Celia Cruz, se encontraba presente. Pero para Ricky, la visita de honor y la más importante y especial de esa noche fue la de su abuela, quien dejó a un lado el miedo que le producía volar y tomó un avión desde Puerto Rico para disfrutar de la obra de su nieto.

Esa noche, al terminar, Ricky admitió con un suspiro de alivio que había sentido un "miedo mortal". Aunque es un profesional con muchos años de experiencia, Broadway le dejó un sentimiento distinto. Es una experiencia que no puede describir: "No sé. Yo he estado nervioso en muchas ocasiones, pero esta vez fue un poco diferente", dice. A pesar de haberse sentido abrumado, lo pudo hacer, y además dejó una buena impresión entre los críticos. Más tarde Celia Cruz dijo: "No es la primera vez que un hispano es aceptado en Broadway ... pero que Ricky haya interpretado este papel es maravilloso". Estamos seguros de que su abuelita también estaba rebosante de orgullo.

El contrato de Ricky duraba del 24 de junio al 8 de septiembre del 1996, y durante ese tiempo debía presentarse ocho veces por semana. "Mi único día libre es el domingo", dijo Ricky a la revista *Billboard*. "Pues bien, ese día camino mucho, y me ayuda sentarme en una banca en el parque y comenzar a escribir. A veces describo las caras que pasan. Me tranquiliza mucho. Necesito estar solo y esta es la ciudad perfecta para eso".

Pero después ya no tuvo tiempo ni para descansar. Ricky debía promocionar otro álbum. Cuando apenas se había terminado su presentación en Broadway, ya el disco *A Medio Vivir* estaba despegando alto. Una cancioncita en particular, *María*, estaba ayudando a su éxito. Poco sospechaba Ricky que ese disco lo iba a mantener en gira durante casi dos años y que a partir de ese momento su carrera de solista tomaría un ritmo vertiginoso.

6

En Gira Alrededor Del Mundo

Aunque Ricky se había acostumbrado a horarios difíciles durante las giras con el disciplinado grupo Menudo, el trabajo de un solista puede resultar abrumador. Cuando una periodista quiso saber cómo lo hacía sentir el ser el artista latino más escuchado del momento, Ricky respondió: "Es un placer, pero también una responsabilidad muy grande. Saber que en Estambul, en Corea o en Francia cantan tus canciones es un compromiso serio". Pero de alguna forma, Ricky siempre se pone a la altura de las circunstancias. Nuestro chiquito estaba creciendo y maduraba como artista también. Y ya que había logrado el éxito en México y América Latina, ¿por qué no dar un pasito pa'lante con el tercer álbum? La próxima parada: Europa.

Ricky grabó *Vuelve* en 1996, poco después de su temporada en Broadway. Sin embargo, la popularidad de *A Medio Vivir* seguía aumentando, gracias en parte a la madurez artística que demostró en ese disco y a un repertorio de canciones más novedosas: sonidos menos azucarados con un sabor más de rock y música latina. Por supuesto, la cancioncita que se llamaba *María* ayudaba a mantener las ventas del disco en la estratosfera.

Para grabar su tercer disco, Ricky se había unido a otro ex Menudo, Robi Rosa, quién escribió y produjo muchas de las canciones, incluso *María*. Y el *disk-jokey* Pablo Flores hizo otra versión de esta última para transformarla, de canción flamenca traqueteadora en una samba muy bailable, que se llamó *Un Dos Tres, María*. Esta canción se convirtió en un clásico instantáneo en los clubes y emisoras de todo Europa y fue el segundo sencillo con más éxito de ventas durante 1997 y el #9 en la lista del *Top 100* de ese año. Casi un año después de su lanzamiento, el álbum todavía estaba entre los *Top 10* de la lista de los *Latin 50* de *Billboard*.

De repente no podías ir a ninguna parte sin escuchar a alguien tararear "un pasito p'alante". Incluso años después, en el programa *Total Request Live*, de MTV, el presentador,

Carson Daly, presentó el video *Livin' La Vida Loca*. Y la huésped invitada del día, Geri Halliwell (la artista anteriormente conocida como Ginger Spice) de pronto empezó a mover las caderas y a cantar la famosa frase "Un Dos Tres", lo que da la medida del impacto que ha causado esta especie de himno internacional que aún dos años más tarde se escucha por todos los lados. Incluso Ricky admite que fue esta canción la que lo lanzó al superestrellato. "*María* es una canción que voy a cantar por el resto de mi vida", declaró a la revista *Billboard*. "Ella me dio dirección y lógica".

María lo llevaría a continuación en la dirección del oriente, esto es, del Lejano Oriente. Ya había demostrado que podía conquistar a Europa. Era ahora el momento de ampliar aún más sus horizontes. Y si hay algo que Ricky ha aprendido a hacer bien es estar solo en medio del escenario. De hecho, le encanta. "Yo necesito la reacción inmediata que recibo al presentar mi música, y esto voy a cuidarlo como si fuera mi bebé", dijo a *USA Today*. Todo ha cambiado mucho para él desde los días de Menudo: "Entonces compartía el escenario con cinco muchachos, y era maravilloso. Ahora no quiero compartir el escenario con nadie".

Quienes han visto presentaciones recientes de Ricky saben que se trata de un espectáculo brillante. Los boletos del concierto de Sydney se agotaron en menos de doce minutos. Fuegos artificiales, una banda de quince instrumentos, televisión *Jumbotron*, varios cambios de vestuario, a cuál más apretado. Todo ello constituye la "marca registrada" de sus presentaciones. Y cuando mece las caderas, Ricky hace que la muchedumbre se vuelva frenética. El ritmo apasionado que muestra corre en su sangre. Y Ricky insiste en que nada es prefabricado, como antes. "No hay coreografía en mis movimientos. Es lo que sale de mi corazón", nos asegura. "Bailé con coreografía durante seis años con Menudo. Ya no quiero más coreografías". ¡La verdad es que sus admiradoras aceptarán gustosas lo que Ricky quiera ofrecerles!

7

Discografía y Premios

ALBUMES COMO SOLISTA Y SENCILLOS

Año	Título	Traducción	Casa Discagráfica
1999	*Ricky Martin* (debut en inglés)		C2 Records
1998	*Vuelve*		Discos Sony
1995	*A Medio Vivir*		Discos Sony
1993	*Me Amarás*		Discos Sony
1991	*Ricky Martin*		Discos Sony

Año	Sencillo	Traducción	Album
1999	"Livin' La Vida Loca"	Livin' the Crazy Life	*Ricky Martin* (inglés)
1999	"Corazonado"	Beloved	*Vuelve*
1998	"Por arriba, por abajo"	Up Above & Down Below	*Vuelve*
1998	"Perdido sin ti"	Lost without You	*Vuelve*
1998	"La bomba"	The Bomb	*Vuelve*
1998	"La copa de la vida"	The Cup of Life	*Vuelve*

Año	Sencillo	Traducción	Álbum
1998	"Vuelve"	Come Back	*Vuelve*
1997	"Nada es imposible"	Nothing Is Impossible	*A Medio Vivir*
1997	"Volverás"	You Will Come Back	*A Medio Vivir*
1996	"A medio vivir"	Living Halfway	*A Medio Vivir*
1995	"María"		*A Medio Vivir*
1995	"Te extraño, te olvido, te amo"	I Miss You, I Forget You, I Love You	*A Medio Vivir*
1994	"Entre el amor y los halagos"	Between Love and Flattery	*A Medio Vivir*
1993	"¿Qué día es hoy?/Self Control"	What Day Is Today?	*Me Amarás*
1993	"Me amarás"	You Will Love Me	*Me Amarás*
1992	"Todo es vida"	That's Life	*Ricky Martin* (esp)
1992	"Vuelo"	I Fly	*Ricky Martin* (esp)
1992	"El amor de mi vida"	The Love of my Life	*Ricky Martin* (esp)
1992	"Fuego contra fuego"	Fire against Fire	*Ricky Martin* (esp)

ALBUMES DE RECOPILACIÓN (incluidos los de Menudo)

AÑO	ALBUM	CASA DISCOGRÁFICA
1996	Voces Unidas	EMI Latin
1995	"Hey Jude" Tributo a los Beatles	Discos Sony
1994	Navidad en las Américas	Walt Disney Co.
1992	Feliz Navidad te Desean	EMI Latin
1991	Muñecos de Papel	Sony México
1988	Sons of Rock (inglés)	Melody
1988	Sombras & Figuras	Blue Dog
1986	Refrescante	RCA
1985	Ayer y Hoy	RCA
1984	Evolución	RCA
1984	Reaching Out (debut en inglés)	RCA

PREMIOS Y POSTULACIONES

Año	Premio	Categoría
1999	Premio Billboard	Mejor álbum del año de un artista masculino por *Vuelve*
1999	Premio Lo Nuestro	Mejor Artista Masculino del Año; Mejor Canción
1998	Grammy	Mejor Presentación de Pop Latino
1998	Blockbuster Award	Postulación, Mejor Artista Latino Masculino
1998	American Music Award	Postulación, Mejor Artista Latino
1998	ACE (Asociación de Cronistas de Espectáculos)	Postulación, Mejor Figura del Año;Mejor Álbum Masculino del Año
1998	Revista ERES	Mejor Artista Latino; Mejor Figura Masculina
1993	Blockbuster Award	Mejor Artista Nuevo Latino
1992	Heraldo	Mejor Presentación Masculina, *Más que Alcanzar una Estrella*

8

Embrujado pero no acomplejado

*C*uando Ricky Martin cumplió siete años, visitó a una curandera. Al parecer esta señora predijo que Ricky iba a tener éxito en su carrera. Por supuesto, ¡qué otra cosa podía decirle al niño tan bonito que entonces era Ricky! "Incluso esta adivina influyó en mi comportamiento; en el hecho de que yo quiera que mi música afecte a todos positivamente", declaró al periódico *The San Diego Union-Tribune*. "Pues bien, supongo que nací con esta suerte". Mucho antes de que la adivinadora se lo dijera, Ricky estaba ya convencido de que su destino era ser famoso. Por puro chiste consultamos a la notable astróloga

Pamela Cucinell y confirmamos lo que estaba ya escrito en las estrellas. Esta vez no pudimos resistir la tentación de investigar su vida amorosa. Para evitar que nuestra imaginación nos aleje de la verdad hemos agregado citas textuales de Ricky sobre el tema.

SU CARRERA Y SU ÉXITO

Ricky nació bajo la influencia de Capricornio el 24 de diciembre de 1971, el signo del que tiene el poder de lograr sus deseos. Su signo hizo que fuera una persona seria, que ya desde niño asumía grandes responsabilidades. Capricornio es el símbolo de la tierra, lo que quiere decir que Ricky es práctico y mentalmente equilibrado. En los raros momentos en que se abandona a la fantasía, no permite que ésta lo lleve demasiado lejos. Únicamente utiliza la fantasía para imaginarse la mejor manera de alcanzar metas reales. Obviamente no tiene miedo de soñar, pues es precisamente soñando como consigue lograr sus objetivos.

Comprobación

Ricky visualizó dos de sus mayores objetivos antes de que sucedieran: primero ser un miembro de Menudo, y más tarde aparecer en la espectacular producción de Broadway *Les Misérables*. En este momento su sueño de lograr el éxito entre el público de habla inglesa se está logrando también.

"Fui un aficionado del grupo Menudo desde 1977. Mi meta era convertirme en uno de ellos".

"Trabajar en los Estados Unidos siempre ha sido una de mis metas. Siempre me dije: tarde o temprano voy entrar a ese mercado".

El signo de Ricky también indica que uno de sus grandes deseos es el de viajar, que siente curiosidad por la religión y que siente la necesidad de estudiar constantemente.

Comprobación

"Me gusta viajar. Cuando uno viaja conoce muchas personas distintas, países diferentes — voy a viajar a Bangkok, la capital de Tailandia, y a Turquía —. Me fascina hablar con personas que tengan otra manera de pensar", dijo a *CBS This Morning*.

El éxito y la fama lo son todo para los Capricornio que eligen esta profesión. Ricky quiere triunfar por sus propios esfuerzos y no está interesado en lo que pertenece al prójimo. Los Capricornio siempre tienen que probar que son excelentes en lo que hacen. Por consiguiente, poseen una habilidad innata para triunfar. A Ricky le gusta hacer las cosas como es debido: primero investiga a fondo las situaciones y luego trabaja lo mejor que puede para lograr sus propósitos. Los Capricornio son muy prácticos. Indudablemente, Ricky quisiera ser reconocido solamente por su talento . . . no por su cara linda. (¡Pero que no espere que nosotros nos olvidemos completamente de su belleza!)

Comprobación

A propósito de acabar con su imagen de hombre bonito:

"Estoy haciendo todo lo posible para cambiar esa imagen. Va a desaparecer poco o poco, no me molesta mucho. Lo único que me interesa es tener un carrera larga como músico y actor y continuar trabajando en ello incluso dentro de treinta años. Si me toma una eternidad lograrlo, pues está bien: lo importante es que dure", dijo al periódico *Daily News*.

El que Mercurio, su planeta de comunicación, esté en Sagitario, el símbolo del arquero, significa que a Ricky no le gusta que le mientan y que es siempre sincero y generoso cuando alaba a los demás. Indica también que es una persona que a menudo dice lo que piensa. El problema con esto es que puede meterse en problemas cuando impulsivamente y voluntariamente dice cosas que los demás no están preparados para oír. Hay que reconocerlo: ¡La verdad duele!

Comprobación

Hace mucho tiempo Ricky dijo a los periodistas que lo molestaban por su uso de aretes en las dos orejas:

"Uno, dos o tres aretes no van a cambiar mi

manera de ser ni de pensar. Me los pongo porque me gustan y no quiero decir nada especial sobre el uso de ellos, sólo que llegará el día que me los quite. Pero por el momento me siento bien con ellos".

En cierta ocasión, luego de muchas horas dando entrevistas, Ricky perdió el cono-cimiento frente a un reportero. Al fin, con mucho candor y encanto, dijo: "Escucha, estoy fuera de foco, ¿sabes? ¡Por lo menos te soy sincero!"

Especulamos que el símbolo de la luna, que es el de nuestras emociones internas, reacciones y hábitos, de Ricky se encuentra en Piscis, que es el símbolo del Soñador Universal. Él tiene el mismo perfil astral de Elvis Presley, que también tenía el sol en Capricornio y la luna en Piscis. Los Piscis son extremadamente intuitivos y entienden que todos estamos universalmente entrelazados.

Esto también indica que Ricky es sumamente sensitivo y creativo. La combinación de sol-Capricornio, significa que lucha para lograr lo que quiere, pero lo hace de una manera encantadora. Tiene en cuenta las opiniones de los demás, pero sin olvidarse de sus objetivos. Evita a toda costa las confrontaciones, pero no tiene miedo de luchar por sus creencias.

Comprobación

"Prefiero no hacer nada en lo cual no crea, aunque debo admitir que he sido afortunado, pues no he tenido necesidades económicas que me hayan obligado a hacerlo. De todas formas continúo luchando y siendo muy exigente conmigo mismo".

La energía de Piscis, mística e imaginativa, combinada con el pragmatismo de Capricornio, constituye una herramienta poderosa para lograr el éxito. Tanto la energía como la ambición son tremendas en Ricky, y por eso la carrera artística le conviene tanto.

Suponiendo que Ricky haya nacido a las cinco de la tarde, su símbolo de ascenso es Géminis, lo cual sugiere que es un comunicador nato, pero también puede ser sombrío. La combinación de Capricornio y Géminis hace muy probable que Ricky vaya a conservar siempre una apariencia juvenil, incluso a los 60 años. Debe su fortuna al hecho de que se rodea de gente con un espíritu positivo. Plutón, el planeta de la transformación, hace que haya tenido también sus conflictos de personalidad y pasado por momentos en que se ha visto obligado a mostrarse fuerte y aguantar derrotas apabullantes. ¡Y cómo! Pero de alguna manera se las arregla para mantener todo bajo control.

Comprobación

"El niño vive todavía en mí y se ha convertido en juez del hombre que soy ahora", dijo Ricky recordando su niñez.

"Uno no puede ser mediocre en este negocio. El pop latino es plástico, como chicle de goma. Yo no juzgo a nadie. Sólo puedo hablar de mí mismo. No soy conformista y me rodeo de gente como yo", dijo en una entrevista en *Los Angeles Times*.

El símbolo astral de Ricky indica también que él siempre estará interesado en explorar nuevas formas artísticas. Esta exploración del arte indudablemente lo hará progresar constantemente en ese campo. Le fascinan las nuevas tecnologías, pues le ayudan a avanzar creativamente todos los días. Ricky reconoce que es un hombre que seguirá siempre trabajando.

Comprobación

Ricky declaró en *El Norte Press*: "Yo podría vivir el resto de mi vida en América Latina y me sentiría bien . . . Perdóname, no estoy juzgando a quienes no lo han hecho. Hay muchos artistas latinoamericanos que son excelentes; y sin embargo existe mucha ignorancia sobre las culturas de América Latina".

SU VIDA Y EL AMOR

Según las estrellas, la moderación en las relaciones románticas no le resulta fácil a Ricky: es un hombre que cree en "todo o nada" y le es difícil llegar a soluciones negociadas, pues siempre está seguro que de que su modo de pensar es el mejor. Ricky es muy emotivo e intenso, combinación que no le ayuda a ver las cosas con claridad. Pero afortunadamente tiene la capacidad de distanciarse de sus emociones y eliminar aquello que le impide pensar con claridad. Por suerte para él, este proceso se hace cada vez más fácil con el paso de los años.

Comprobación

"Las mujeres se asustan cuando me conocen. A ellas les gusta la estabilidad y yo estoy por todos lados".

"Me seduce la sinceridad de quienes no me tienen miedo, pues algunas veces mi imagen intimida a la gente. Me interesan las personas que me dicen la verdad en mi cara y no les importa lo que yo piense de ellos. 'Ven acá', les pregunto. '¿Quién eres?' Eso es lo que me gusta", dijo en *La Prensa de San Antonio*.

A Ricky probablemente le gusta relacionarse con muchas clases de personas: creo francamente que se aburriría si todo el mundo pensara como él. Los que creen conocerlo, quizás no lo conocen tanto como piensan. Aunque el público cree que él vive una vida maravillosa, no hay que engañarse: Ricky es alguien que ha debido siempre luchar para lograr lo que tiene. Muchas veces las batallas más fuertes han sido las internas, ya que es una persona que se cuestiona y examina a menudo y lucha por aceptarse a sí mismo. Se trata de alguien que ha pasado por muchas transformaciones internas y confrontado tormentas emocionales durante la juventud. Él sabe lo que es ser arrastrado por dos fuerzas ya ha experimentado este tipo de batallas. Mientas más éxitos logra en la vida, mejor se siente como persona.

Comprobación

"Cuando me decían que Europa era difícil, yo pensaba: 'Ellos ni siquiera lo han intentado'. Yo sentía sus mismos temores, y me preguntaba: '¿Qué tengo que hacer?' La respuesta era sencilla. Había que ir. Ir, simplemente, y tocar puertas hasta que te dolieran los nudillos. No hay que ser demasiado orgulloso. Hay que tocar puerta por puerta y decir: "Un placer conocerlo. Mi nombre es fulano de tal y quiero presentarle mi música". —*El Norte Press*

El que Venus, el planeta del amor, se encuentre en Acuario, signo que representa la individualidad y la energía, hace que Ricky sea muy amable y generoso cuando está enamorado. Sin embargo, es un hombre que vive según sus propias reglas y prefiere gustarles a todas que amar a una sola. Las atracciones de Ricky son fugaces. Se enamora un día y goza durante una semana de la estimulación romántica. Pero cuando ella se despide o él ya no siente la misma fascinación, se queda muy contento disfrutando del placer de sus memorias o descubriendo una faceta de sí mismo que no conocía y ella le ha ayudado a revelar.

Comprobación

"La cita romántica perfecta es la que uno no planea. Nos podemos conocer en la calle y decidir tomarnos un café. Después, quizás no vuelva a verla jamás, pero fue una cita preciosa. No siempre tenemos que terminar en la cama", reveló al diario *The Straits Times* (Singapur).

Aparentemente la mujer que más le conviene a Ricky es una que lo mantenga con una cuerda larga. Pero lo más importante para él es que su pareja sea también su amiga. Le gusta sentirse estimulado mentalmente y que lo dejen intrigado. No le gusta que todos los días sean iguales. No es posesivo, pero tampoco quiere que lo aten, aunque necesita saber que puede confiar en alguien que sea tan independiente como él. No le tiene miedo a cambiar, aunque puede a veces ofrecer resistencia al cambio.

Comprobación

"Soy un romántico. ¡No lo puedo evitar! Me enamoro veinte veces al día, pero la verdad es que el amor verdadero llegará gota a gota".

"Estoy buscando una mujer que me dé equilibrio".

El que Marte, el planeta del deseo, se encuentre en Piscis, símbolo de la persona humanitaria, hace que Ricky sea defensor de los menos afortunados. Probablemente él ha tenido que aprender desde temprano a distinguir entre las personas que en verdad necesitan ayuda y las que simplemente quieren aprovecharse de él.

Comprobación

Al referirse a lo que lo había inspirado para el disco sencillo, *Gracias por Pensar en Mí*, escrito originalmente en portugués por Renato Russo, que murió de SIDA, dijo:

"Es una canción de esperanza, que habla de la dignidad del ser humano; es la luz cuando las cosas van mal; es puro corazón. Desafortunadamente, Renato Russo no está ya con nosotros. Murió de esa absurda enfermedad que está causando tanto daño a nuestra generación y a nuestra sociedad: el SIDA. Con esta canción trato de crear conciencia. No soy un héroe que intenta cambiar el mundo, pero sí puedo hablar sobre este tema y dejarle saber a la gente que debemos preocuparnos por cosas como ésta. Creo que es saludable".

"Soy benefactor de un hospital para niños con SIDA y también ayudo a una guardería para niños incapacitados, que lleva mi nombre. Esto es algo muy especial, sobre todo cuando tengo la oportunidad de compartir mi tiempo con ellos". — *TV Guide, México*

Aunque Ricky parece reservado, por dentro es un océano revuelto de emociones inquietas. Afortunadamente, la creatividad es lo mejor para una sensibilidad como la suya. Cantando sus canciones encuentra la tranquilidad. Cuando una chica captura su interés, él avanza con fuerza aunque con mucha sutileza. Es persistente pero suave, muy romántico y sensual. Y está dispuesto a tomarse su tiempo.

Comprobación

"Soy muy romántico. Me gusta abrirme totalmente. Ahora mismo estoy a punto de escribir mis propias letras y, sea bueno o malo, lo que escribo es siempre romántico... Realmente gozo cuando canto baladas".
—*La Música News*

En ninguna parte se expresa mejor lo anterior que en la letra de *Hagamos el amor*. Sin embargo, hay algo que no se entiende: Si a Ricky le gusta tanto tomarse su tiempo, ¿por qué esta canción es la más corta del álbum?

9

Ricky Habla De Sí Mismo

$\mathcal{A}$ continuación, más citas directas – del pasado y del presente – que nos dan una idea de los pensamientos que pasan por la mente de Ricky Martin:

DE SUS PRESENTACIONES

"Lo que siento cuando estoy en el escenario no lo cambio por nada. Es una sensación que te da fuerza, te da algún tipo de poder, te da control. ¿Qué me gustaría estar haciendo dentro de treinta años? Quiero hacer esto; quiero hacer música". —En *La Música News*

"Cada vez que pienso en arrojar la toalla, me

digo: 'Si te retiras, nunca vas a poder asistir a otro *show*, porque si vas, sentirás tanta envidia que no vas a saber qué hacer". —En *Los Angeles Times*

DE SU MÚSICA Y DE SER MEDIOCRE

"Las letras de las canciones tratan de las emociones. ¿Los sonidos? Sencillez complicada. Es tan fácil como saber si me gustan o no. Es étnico, pero también es algo que pueden entender las personas de todo el mundo. Cuando escuchas mi música, oyes tambores, trompetas, piano clásico y violines". —En *The Straits Times*, Singapur

"Estaba ansioso en los Grammys y fue cuando me dije: 'Muchacho, has estado haciendo esto por quince años. Simplemente, sé tú mismo'. Luego me fui y dije: 'Hey, Sting, ¿sabes qué? (moviendo las caderas). Mira esto, hermano'. Sabía que se acordaría de mí".—En *Entertainment Weekly*

"Es algo que me viene de mis padres, no ser mediocre, tratar de triunfar, no limitarse a ser un fulano del montón. Ser el mejor. Eso es lo que yo quiero".

DE ESCRIBIR SU PROPIA MÚSICA:

"Es maravilloso escribir, cantar tu propia música. *Tú* sabes de lo que hablas, *tú* sabes lo que dices". —En *La Música News*

DE MADONNA

"Es una mujer maravillosa, tremenda, de la que se aprende mucho. No por nada ha estado presente durante tantos años. Tiene una manera de dar órdenes en el estudio que a lo mejor es un poco agresiva, pero lo que produce es oro".
—En *El San Juan Star*

Intentando mediar entre el presidente de Sony, Tommy Mottola y Madonna dijo: "Olvídense de Clinton, *esto* sí que es política."
—*Entertainment Weekly*

DEL GRUPO MENUDO

Irónicamente, mientras Ricky se presentaba en la ceremonia de la Copa Mundo, sus antiguos compañeros del grupo Menudo viajaban por los Estados Unidos en la gira de "El Reencuentro". ¿Le pidieron a Ricky que participara en la gira?

"Pienso que encontrar tiempo para ser además ex Menudo me sería casi imposible. Tú sabes, en estos momentos quiero el escenario para mí solo. Soy egoísta en este aspecto".
—En *Los Angeles Times*

DE ROBI ROSA

"Pienso que Robi es un genio. Ha estado frente al piano desde que tenía doce años ... En lo que se refiere a la música, tiene un gusto increíble ... Merece mayor reconocimiento; pero él no hace su música buscando reconocimiento, sino porque le gusta. Sencillamente le encanta estar en el estudio y crear. En el futuro, dentro de cinco, seis, diez años, Robi va a recibir todo el reconocimiento que merece ... Cuando me lo preguntan, siempre digo que me siento muy orgulloso de trabajar con él. ¡Tiene tanto para dar!". —En *La Música News*

DE ACTUAR

"Lo que pasa es que cuando uno empieza con *Les Misérables*, no puede retroceder. Uno nunca sabe, por supuesto, pero si vuelvo a actuar en otra obra clásica, me gustaría formar parte del reparto original".—En *The Straits Times*, Singapur

DE BESAR

"Un buen beso es como dormirse en una cama con almohadas blandas por todas partes. Un beso malo es como dormirse encima de las piedras. ¡No hay nada más terrible que un beso malo!" —En *The Straits Times*, Singapur

DE LA MUJER PERFECTA

"Tiene que ser intensa. Tiene que saber lo que quiere en la vida y salir a lograrlo. Quiero aprender de ella y también enseñarle. Como todo, es un intercambio. Y no importa si es mayor que yo".

¿Y si los dos son tan intensos? "¡Zzzzz! ¡Electricidad!" dice Ricky. —En *The Straits Times*, Singapur

"Para que una mujer robe mi corazón, debe tener algo muy sencillo: espontaneidad. No quiero complicarme la vida. No estoy buscando belleza, inteligencia, bla, bla, bla. Lo que me atrae es la espontaneidad, que la muchacha no tenga miedo de hacer el oso, ¿me entiendes? Que se divierta. Que sea ella misma. Que se mime y sepa mimar a otros. No hay ninguna duda de esto. Que se cuide la piel, que se ocupe de ella misma, pero que a la vez tenga una personalidad muy despreocupada". —En *El Norte*

DE SER FAMOSO Y SER NORMAL

"Sí. Los admiradores piensan que no comemos, que no sudamos, que no vamos al baño. Piensan muchas cosas. Yo le presento al público lo que soy, no me pongo caretas para entrar a un escenario. A mí me tienes como me ves. La televisión crea un poquito de esa fantasía. La televisión es algo intocable. —En *La Prensa de San Antonio*

DEL ESPIRITUALISMO Y LA RELIGIÓN

"No voy a decirte que soy una persona ultraespiritual, pues tengo mis altibajos. Me enojo. Grito y doy puntapiés. Soy humano. Pero, sé sacar el máximo provecho de las cosas más sencillas y no me involucro en la religión, al contrario". —En *El Norte*

POR QUÉ LE GUSTA VIVIR SOLTERO

"Quiero poder andar por mi casa completamente desnudo si quiero". —En *Los Angeles Times*

DE SU MADRE

"Ella es la amiga que me da un bofetón si tiene que dármelo. No necesito un bofetón, claro, pero si lo necesitara me lo daría. Y eso es muy saludable. Es la persona que me ha guiado durante 24 años". —En *La Prensa de San Antonio*

DE ENCONTRAR Y CONSERVAR A LOS AMIGOS:

"Soy muy celoso con mis amigos. . . '¿Con quién andas? ¿Y por qué yo no lo conozco? ¿Por qué no me lo has presentado?' Así soy, con amigos y amigas. ¿Es eso malo? Si lo llevamos al extremo, probablemente sí lo sea". —En *La Prensa de San Antonio*

"En la gente todavía existe la autenticidad, tú sabes. Es difícil encontrarla, pero existe. Hay multitud de personas que no miran la tele-

visión, que no escuchan la radio, y gente que no está en el mundo de la música. Cuando te encuentras con muchachas así, te sientes bien".
—En *Los Angeles Times*

DE SU CUIDADO PERSONAL

"Todo el mundo me dice que tengo que hacer esto u lo otro. Y yo les digo: ¡Brrr! ¡Dame el champú más barato y una pastilla de jabón de hotel¡". —En *People*

"Si [mi novia] puede convenir una cita para que me hagan un masaje a mí también, me parece estupendo". —En *People*

DE SU CABELLO

"Me corté el pelo largo porque mis admiradores acostumbraban a tirar de él para tratar de acercárseme. Pero de ninguna manera me molestan los gritos y todo lo demás, porque todo el mundo es libre de expresarse". —En *The New Straits Times Press*

DE SER PUERTORRIQUEÑO

"Puerto Rico es una isla con muchas culturas: africana, europea y por supuesto, latinoamericana. Somos muy intensos, muy apasionados y todo eso se refleja en mi música". —En *The Straits Times*

"El indio que tenemos en nosotros es muy fuerte, y en mi caso también el africano. Son unas mezclas maravillosas, y es tan hermosa esa fusión que existe en el interior de nuestra raza, que debemos explotarla y llevarla a todas partes del mundo. Somos guerreros y ¿qué sucede a medida que pasan los años y los siglos? Estamos peor. En Europa nos llaman "sudacas", y ese sudaca es como basura para ellos. Debemos demostrarles que no lo somos. Nosotros somos grandes y existen grandes poetas en Latinoamérica. Existen grandes intelectuales y podemos seducirlos y triunfar".
—En *La Prensa de San Antonio*

DE VOLAR

"Me ha gustado siempre la aviación. Es algo que no descarto, pues algún día voy a meterme en un avioncito y a manejarlo, porque me encanta. Pero, aparte de mi época con Menudo, yo siempre he estado al frente de una cámara. En el colegio hice siempre trabajos artísticos. Toda la vida me ha gustado la música. Toda la vida me ha gustado bailar. Siempre me he sentido bien en ese ambiente". —En *La Prensa de San Antonio*

DE ROMPER LOS ESTEREOTIPOS

"Se trata de acabar con los esteriotipos. Para mí, tiene que cambiar la manera en que nos ve

alguna gente, que piense que Puerto Rico es Scarface y que vamos en burro a la escuela".
—En *Entertainment Weekly*

"Si yo no creo en mí, ¿quién va a hacerlo? No quiero dármelas de que estoy muy seguro de mí mismo, pero si puedo aportar algo a todos los latinos, vamos a vencer. No nos quedemos atrás". —En *La Prensa de San Antonio*

"En Europa hablo mucho de mi cultura. Por supuesto, hablo de mi música y mi música refleja mi cultura. Y aprovecho para hablar de las diferentes culturas de América Latina, porque ellos piensan que desde México a Argentina todo es mariachi. Así que es cuestión de enseñarles que el Caribe tiene un sonido, América del Sur y del Norte tienen otro sonido y América Central tiene otro".
—En *El Norte*

DE SU FUTURO

"No sé. No quiero pensar en eso. Todo lo que he deseado lo he logrado con mi trabajo, y continuaré luchando por lo que quiero. Pero no me gusta pensar en mi futuro". —En *TV Guide, México*

10

Ricky Anda Por El Camino Espiritual

Inmediatamente después de su brillante presentación en la ceremonia de los Grammy en febrero, y mientras Gloria Estefan y Jimmy Smits anunciaban a los artistas postulados, y mientras el auditorio todavía trataba de recuperarse de la descarga eléctrica que había recibido, Ricky, de pie entre bastidores, meditaba y practicaba yoga. "Es un tipo de yoga que se puede hacer sin que nadie sepa que lo estás haciendo", explicó a *People en Español*. "Se llama kriya yoga. *Kri* quiere decir que 'puedes lograr cualquier cosa' y *ya* significa 'tu alma'. La combinación significa que puedes lograr lo que quieras con tu alma". Y éste fue

realmente el caso, cuando se anunció el nombre
de Ricky Martin como ganador del premio a la
mejor presentación de pop latino. Ciertamente
Ricky sabe cómo hacer trabajar su kriya.

De hecho, cuando las postulaciones de los
Grammys se anunciaron por primera vez, poco
meses antes, Ricky se encontraba a miles de
millas de distancia —espiritual y físicamente—
en Nepal, leyendo y meditando en las montañas
del Himalaya. "Siempre he buscado un nivel
significativo de espiritualismo", explicó en una
rueda de prensa en Puerto Rico. "Busco la
tranquilidad y mi música refleja esa búsqueda,
pero mi horario frenético y el ritmo acelerado
de la vida exigen que de vez en cuando me
desconecte de todo. Y ¿qué mejor que entrar en
un trance espiritual?"

Ésta no fue la primera ocasión en que Ricky
entraba en contacto con su lado espiritual.
Desde sus antiguos días de anonimato en la ciudad de Nueva York, pasando por sus excur-
siones recientes al Tíbet o a la India, Ricky ha
acostumbrado a desconectarse del mundo, a
quedarse solo con sus pensamientos y fortale-
cerse emocionalmente. Tales momentos de
soledad le dan la oportunidad de reinventarse,
ensanchar sus horizontes intelectuales y, lo que
es aún más importante, mantener la salud mental. Sea lo que haga cuando se "retira del
mundo", obviamente le está dando buenos
resultados.

"En esta profesión estás rodeado de mucha fantasía. Siempre estás buscando el aplauso y que la gente te diga: '¡Qué bueno eres!' Y tienes que tener mucho cuidado, porque lo más importante es mantener los pies sobre la tierra", dijo Ricky a *People en Español*.

Ha habido épocas difíciles en la vida de Ricky, la clase de épocas que todos tenemos de vez en cuando, cuando pensamos que ya nada importa en la vida. Hablando de un de estos períodos, Ricky recuerda: "Nada me impresionaba. Pensaba que había perdido la capacidad de sentir. Dejé entonces todo y continué mi búsqueda espiritual en el hinduismo y en el budismo y encontré esa conexión que hay entre tu alma, Dios y la Unidad. Me di cuenta de que no se puede ser tan materialista, porque te puedes volver loco y tu vida va a ser bien corta".

De modo que hoy en día practica yoga y estudia budismo para mantener los pies sobre la tierra. Quizás a algunas personas el hecho de que haya elegido este camino espiritual les parezca un poco extraño. Al fin y al cabo, un 80 por ciento de los puertorriqueños son católicos. Pero él es la primera persona en reconocer la contradicción. Ricky creció en un hogar católico, ¡e incluso fue monaguillo! Sin embargo, el catolicismo se convirtió en una experiencia amarga para él, cuando el sacerdote que le dio la primera comunión fue asesinado en la iglesia. "Es algo que no puedo olvidar . . . La rebelión que sentí es la misma que muchas personas sienten ahora y muchas más van a sentir en el futuro. Pero así son los traumas de la vida; hechos que durante un tiempo te perturban", dice hoy filosóficamente.

Evidentemente, Ricky ha logrado una espiritualidad muy personal, que da sentido a muchas de las experiencias de su vida. Y el entender que hay diferencia entre la espiritualidad y la religión le permite captar lo espiritual dondequiera que se encuentre. Ricky conoció al Papa, y considera esta experiencia una de las más profundas y serenas de su vida. "No importa cuáles sean tus creencias. Cuando lo ves, sientes como si tus pulmones fueran a estallar, pues los llenas de aire de inmediato", dijo Ricky al periódico *El Norte*.

Ricky también encuentra tiempo para dedicarlo a fines humanitarios. A comienzos de 1999, después de que el huracán Mitch azotó a Puerto Rico, fue una de las primeras personas en ayudar financieramente a reconstruir a su país. Pocos meses después cambió sus planes para visitar a una monja católica llamada Sor Isolina, considerada la Madre Teresa de la isla. Ricky quedó impresionado por la forma en que ella había ayudado los pobres y desfavorecidos durante los últimos treinta años. Pero Sor Isolina quedó igualmente impresionada por el hecho de que esta joven estrella del pop quisiera conocerla. Ricky es una prueba viviente de que la gente de diferentes religiones pueden respectarse mutuamente.

Su reciente despertar espiritual y emocional también le ha permitido reconciliarse con su padre. Después de que su madre ganó su custodia, Ricky cambió de apellido y dejó de hablarse con su padre. Este silencio duró 10 años. Pero a la larga Ricky fue incapaz de soportar el distanciamiento. "Eso no me dejaba respirar. Siempre estaba de mal humor, confrontando a la gente. Y me dije: 'Esto no puede seguir así; él es mi padre'". Así, en 1996, finalmente se reconciliaron. "Desde entonces nunca más he podido guardarle rencor a nadie", dice. La reconciliación le dio un sentimiento más fuerte de familia. "Mientras estuve alejado de mi padre, me hice cínico. Era frío, sarcástico. No me gustaban los niños. Ahora, no veo la hora de ser padre. En realidad tengo más deseos de ser padre que de ser marido", confesó Ricky con una sonrisa al diario *Los Angeles Times*.

El año pasado, sin embargo, Ricky atravesó por otro período oscuro en su vida, cuando perdió a un miembro muy querido de su familia: su abuelita. Esta muerte lo dejó tan deprimido que pensó en dejar para siempre su carrera profesional. "La muerte de mi abuelita me dejó desorientado", declaró a *TV Guide-México*. "Pensaba estar preparado para el

momento en que ella me dejara, ¡per
muy doloroso. Tanto que pensé que
capaz de cantar ni de sonreír, pues me sentía
moribundo por dentro. En aquel momento, me
dije, ¡basta!"

Afortunadamente Ricky fue capaz de
superar su dolor y dar a su vida una dirección
más positiva. Quizás se dio cuenta de que su
abuelita le protegía y animaba desde lo alto. ¡Y
claro, ella con seguridad está sonriéndole,
porque ahora su carrera está más fuerte y enfo-
cada que nunca!

11

El Largo Y El Corto: El Pelo De Ricky Y Otros Hechos Dignos De Mención

*E*s imaginación mía o Ricky se ha vuelto más talentoso, guapo y exitoso a medida que su pelo se ha hecho más corto? El pelo de Ricky ha pasado por tantos estilos a través de los años: a veces rizado, a veces liso, a veces con reflejos rubios y otras simplemente castaño. ¡De hecho, en 1990 ganó un premio de la marca de champú Pert Plus por el mejor cabello!

Al principio, empezó a dejarse el pelo largo, para romper la imagen de Menudo. El estilo de pelo largo, varios aretes y los jeans rasgados le ayudó a establecerse como roquero. Pero, poco

a poco, con cada álbum, el cabello s
poquito más corto.

Según Ricky, tener un cabello hermoso trae
sus problemas. Una vez admitió que su costum-
bre personal más fastidiosa era la de toquetearse
el pelo constantemente. El propósito de dejarse el
pelo largo era el de mantenerlo suelto y bien
peinado. Pero lograrlo era difícil. Incluso corrió
el chisme de que se ponía rulos para mantener el
pelo ondulado, porque su cabello natural era
completamente lacio. Pero la razón por la cual
empezó a llevarlo más corto era la de salir de la
imagen del roquero. Su música había cambiado y
también él. Ricky estaba volviéndose más atento
a los detalles de la moda y su estilo de vestir era
ahora más elegante. Cambió las camisas y los
jeans rasgados por trajes de Armani.

Además, sus admiradoras, para tratar de
acercársele, le agarraban el pelo a puñados y
tiraban de él. ¡Ay! No hay duda de que el pelo
largo es un problema cuando se está en medio
de una muchedumbre fanática. "Si para mantener el pelo largo tienes que atártelo por
detrás, mejor córtatelo", dijo Ricky una vez.

Así, su cabello era más corto con cada disco.
Y ahora que estrena su gran álbum en inglés,
lo lleva más corto que nunca. Es para meditarlo.
¿Qué pasará cuando salga el siguiente álbum?
¿Se rapará al cero? Tendremos que esperar
para verlo.

¿Y SOBRE SU VIDA SENTIMENTAL?

Si hay algo que Ricky Martin ha tratado de hacer a lo largo de su carrera es mantener relativamente privados los detalles de su vida personal, especialmente los relacionados con el amor. Lo ha dicho muchas veces: "La sexualidad, lo juro, es algo que mantengo en la intimidad de mi cuarto. Puedo vender álbumes, puedo vender boletos para mis conciertos, pero el día que me vea obligado a vender la llave de mi cuarto, lo dejo todo". De modo que si estás buscando chismes aquí, pues lo siento, no los vas a encontrar. Lo siguiente es lo que hemos podido averiguar hasta ahora; cada cual podrá sacar sus propias conclusiones.

• Lo dice y lo subraya: no está involucrado románticamente con Madonna. Aunque Ricky admitió a Jeannie Williams, de *USA Today*, que después de los Grammys se había producido un 'clic' entre ellos, meses más tarde, en una rueda de prensa en Puerto Rico y poco después de grabar el dúo con ella, afirmó que su relación con Madonna era "estrictamente profesional" y desmintió todos los rumores de amorío. Sin embargo, han trabajado juntos en varios programas de TV en Europa, comparten inquietudes espirituales como el yoga y además Ricky le da lecciones de español. "Somos muy buenos amigos", insiste. Nada más.

• Ricky perdió la virginidad a los 12 años con su primera novia, a la que conoció durante su primer año en el grupo Menudo.

• A través de los años, la prensa le ha adjudicado a Ricky relaciones con varias mujeres famosas. La mayoría de estos chismes es falso, pero de todos modos presentamos una lista breve de algunas de ellas, en caso que lleves un marcador:

• Daisy Fuentes, quien en realidad tuvo una relación con Luis Miguel. ¡Con tantos rumores, no puedes creer todo que lees!

• Mónica Naranjo, cantante y compositora con quien colaboró en *A Medio Vivir*. También el chisme decía que Mónica era amante de Luis Miguel. Ella desmintió ambos rumores.

• Lily Melgar, su coprotagonista en *General Hospital*, con quien salió durante un tiempo.

• Alison Sweeney, la actriz que hace el papel de Samantha en la telenovela norteamericana *Days of our Lives*.

REDOBLE DE TAMBOR, POR FAVOR. . .

Pero la mujer que de verdad ha robado el corazón de Ricky fue la que lo acompañó en los Grammys, que se llama Rebeca de Alba, una mexicana hermosa y rubia, de piernas fabulosas, siete años mayor que él. Rebeca es modelo y presentadora de televisión en México. La pareja ha mantenido una relación intermitente y con altibajos desde que se conocieron, cuando Ricky tenía 18 años de edad. En 1992 él le dijo a la revista *Impacto*, que lo había relacionado con Rebeca: "En mi vida hay muchas mujeres, amigas claro, nada en serio. Tú sabes, no puedo. Tengo 20 años y deseo sobresalir como artista. El amor para mí en este momento puede ser un obstáculo".

Pocos años después, Ricky le dijo a *La Prensa de San Antonio*: "Los amores de mi vida . . . mira, te soy sincero, no han sido mi prioridad. Cuando digo que no han sido prioridad quiero decir que no necesito tener una pareja que esté conmigo todo el tiempo. Cuando está, está, y lo grito a los cuatro vientos". En aquel momento sólo había salido con Rebeca durante cuatro o cinco meses.

Poco después, en 1996, las cosas se pusieron feas entre ellos. Ricky pensaba proponerle matrimonio, pero se rajó en el último momento. "Estuve a punto de casarme hace tres años", dijo al *The Straits Times* en enero de 1999, "pero me sentía muy inseguro, y cuando ya iba a comprar el anillo, me dije: '¡Ay! ¿Qué estoy haciendo?'. Al final fue algo un poco triste. El problema era que todavía no estaba listo para el matrimonio".

Aunque Ricky y Rebeca se reunieron recientemente, la pareja no tiene planes de casarse en un futuro cercano. Como dijo Ricky a *USA Today*: "Nunca sabes qué pasará, pero nosotros nos sentimos felices así". También le dijo a *People en Español*: "Ella es una mujer que respeto. Nuestra relación es sin compromisos, sin títulos ni nada de eso. Pero estamos juntos".

Según el signo astrológico de Ricky, su mujer ideal tiene que darle mucha libertad, mantenerlo con una cuerda larga. Al parecer Rebeca lleva una cuerda con extensiones, ¡porque ahorita, Ricky claramente está viviendo "La Vida Loca"!

OK, muchachos y muchachas, es hora de leer la selección de curiosidades escogidas al azar.

SABÍAS QUE ...

• Ricky tiene tres medios hermanos del sugundo matrimonio de su padre: Erick, Daniel y Vanessa; y dos hermanastros del primer matrimonio de su madre: Pachu y Fernando.

• Ricky es un gran amante de los perros. Ha tenido tres desde que dejó Menudo:

   • Lennon, llamado así en honor a John Lennon, y que desafortunadamente desapareció sin dejar rastros.

   • Gertrudis, una Cocker Spaniel que tenía en su casa de México.

   • Ícaro, un Golden Retriever que tiene

en su casa de Miami (y que incluso recibió un agradecimiento en el álbum *Vuelve*).

• Ícaro también se llama su compañía de producción. Su madre es la gerente y su hermano mayor está a cargo de las finanzas.

• Ricky aprendió a tocar la guitarra por sí mismo. También toca un poco el saxofón.

• El sencillo *Volverás* fue el primer intento de Ricky de componer canciones.

• Ricky tiene un tatuaje: una rosa que envuelve un corazón atravesado por una espada, con una "E" (de Enrique) en el centro. ¿Que dónde lo tiene? Un poquito arriba de la ingle. (¡Buena suerte, entonces, cuando trates de echarle una ojeada!).

• Ricky lleva en el cuello, a dondequiera que vaya, el rosario que le regaló un niño que se encontró por las calles en la India (puedes ver el rosario en su video nuevo y en la presentación de los Grammy). Un monje tibetano le regaló también una piedra preciosa, que Ricky se pone como pulsera. El monje le dijo que cuando encontrara a una persona muy especial se la diera. Pero en secreto Ricky mantiene la esperanza de no encontrarla, pues le gusta tanto la piedra que quiere llevarla para siempre.

• Ricky no ha bebido una sola gota de alcohol desde hace cuatro años. No le gusta mucho el ambiente de fiestas, aunque admite que se divirtió muchísimo y bailó lento con Madonna durante la fiesta de celebración del Óscar de la película *Vanity Fair*.

• Ricky nunca lleva billetera, pues es tan olvidadizo que le preocupa perderla, como hace siempre con sus anteojos, telefonitos celulares y libros. Deja que su mamá y su hermano mayor se ocupen de sus asuntos financieros.

• Para el video de su segundo sencillo *Dime que Me Quieres* de su primer álbum *Ricky Martin*. Ricky montó la misma motocicleta que uso Arnold Schwarzenegger en la película *The Terminator*. Sin embargo, Ricky "acabó con" la moto, pues se chocó durante la filmación y la moto se incendió. Por fortuna, él sólo sufrió una lesión leve.

• Para la adaptación en español de *Hércules*, Ricky, que interpretaba tanto el diálogo como el canto, logró él solo hacer lo que se necesitaron dos artistas en la película original. En inglés, el actor Tate Donovan hizo la voz del personaje principal, mientras que el cantante Michael Bolton interpretó la canción temática.

• Antes de cada *show*, Ricky bebe té caliente con leche y miel para relajar la garganta.

• Una joven admiradora murió al ser atropellada por un auto cuando se dirigía al hotel de Ricky a ver si lo veía cuando el contante actuó en Chile. Al enterarse de la tragedia, Ricky dispuso que se localizara a la familia de la infortunada y fue a darle el pésame.

• El director Oliver Stone asistió como invitado a la fiesta del vigesimosegundo cumpleaños de Ricky en un club exclusivo de la Ciudad de México llamado El Cielo.

• En 1985 Ricky fue contagiado de varicela por el Menudo Raymond Acevedo, quién también contagió a Roy Rossello y Charlie Rivera. Al parecer el único inmune fue Robi Rosa. Resultó necesario cancelar varias compromisos de promociones y conciertos mientras se recuperaban en Orlando.

• Ya sabemos que Ricky reemplazó a Ricky Meléndez en Menudo. Pero ¿sabes el nombre del muchacho que reemplazó a Ricky Martin? *Respuesta:* Rawy Torres.

• Ricky colocaba *posters* de Marilyn Monroe en todas las paredes de su casa de México. La consideraba la mujer ideal.

• Ricky dice que Paul Simon, Peter Gabriel, Sting y Elton John son algunas de sus influencias musicales.

• Ricky da crédito a Julio Iglesias por haber eliminado las barreras que impedían a los cantantes latinos ser aceptados en todos los rincones del mundo. Lo considera su "padre".

• Su abuelo (Ángel Morales) era poeta y su abuela (Iraida Negroni), escritora. Ricky los admira enormemente.

• Ricky ha sido dos veces el Gran Presentador del festival de Viña del Mar, en Chile.

- Ricky ha rodado un comercial para Pepsi con Janet Jackson.
- Su *hobby* favorito: dormir
- Su playa favorita en Puerto Rico se llama Palominito, al lado noreste de la isla.
- Cuando se le preguntó si había llorado durante la película *Titanic*, Ricky respondió enfáticamente: "Noooo."
- En mayo de 1999, Ricky fue votado como una de las "50 personas más guapas" de la revista *People*.
- Ricky fue invitado al programa *Saturday Night Live* el 8 de mayo de 1999.
- ¿Lo que menos le gusta de su propio cuerpo? Sus piernas. ¿Lo que le encanta en una mujer? *Sus* piernas.
- ¿Lo que más le gusta de su cuerpo? Sus manos. "Son grandes, nuesudas, fuertes".

LAS COSITAS FAVORITAS DE RICKY:

ANIMAL: delfín
ACTOR: Robert De Niro
ACTRIZ: Demi Moore
PELÍCULA: El Padrino
DEPORTES: esquiar, nadar, montar a caballo, escalar montañas, surfing
AUTO: Mercedes Benz
NÚMERO: 5

RICKY EN LA RED

Al hojear la Web en busca del sitio de Ricky
Martin, uno encuentra por lo menos 49 sitios,
todos ellos enlaces del Rincón de la Web
Oficial de Ricky Martin

**www.members.tripod.com/~Maria_Lajos/
rickring.html**

Los sitios aparecen en todos los rincones del
mundo—de Israel a Japón, de Hungría a
Australia—y ¡aumentan cada día! Si bien es
casi imposible seguir la trayectoria de todos
ellos, a continuación presentamos algunos de
los más notables. ¡Buena suerte con el *surfing*!

Web sites Oficiales

www.rickymartin.com
www.rickymartinvuelve.com
www.rickymartinmanagement.com

Web sites De Los Aficionados

http://rickymartin.coqui.net/
Directo desde la oficina central de San Juan,
Puerto Rico, este sitio del "Club Internacional
de Fans de Ricky Martin" está en varios
idiomas y cuenta con una sala de charlar y un
foro. También tiene montones de fotos del
Grammy, además de un enlace a MTV y entrevistas.

http://www.geocities.com/Hollywood/
Screen/6609/

Este es mi favorito, aunque se tarda bastante
para entrar, debido a los gráficos y las fotos. Sin
embargo, es muy completo y está lleno de información sobre Ricky—sobre su pasado, presente y futuro—que llega de todo el mundo.
Tiene un calendario, curiosidades divertidas y
gráficos con movimiento. También ofrece las
noticias más recientes, videos, información
sobre las últimas revistas y las apariciones de
Ricky en los almacenes de música.

http://members.aol.com/menudo77/

Si quieres conocer todos los detalles sobre
cada uno de los 33 miembros de Menudo, pasa-
dos y actuales, presentados con un poco de ret-
intín, "Menudo Online" es el sitio para ti. Es
ingenioso y divertido.

http://members.tripod.com/~Andy_Gaby/
RickyMartin.html

Este es a todas luces un trabajo inspirado
por el amor, realizado por una admiradora fiel
desde hace nueve años. El sitio "Gaby's Ricky
Martin Homepage" es un poco bosquejado; sin
embargo, está lleno de información, incluyendo
fechas de gira y artículos de revistas. Además,
tiene un programa de traducción al idioma que
elijas.

www.rmlac.com

"Ricky Martin's Los Angeles Connection" es el sitio de los admiradores de la costa oeste, reunidos con un solo propósito: ¡Ricky! Ofrece noticias recientes, fechas de gira e informacion biográfica.

http://members.tripod.com/rmsc

"Ricky Martin Southern Connection". Es verdad: Ricky tiene conexiones en cada región de los Estados Unidos, y ésta en particular es bastante buena. El sitio es amplio, con abundancia de entrevistas, fotos y crónicas de revistas.

12

Ningún Hombre Es Una Isla ... Pero Ricky Prácticamente Es Dueño De Una

En estos días parece que todo el mundo quisiera un pedacito de la magia de Ricky. La verdad es: ¡ser *sexy* vende! La Junta de Turismo de Puerto Rico lo nombró su portavoz, para que promoviera la isla como el máximo lugar de veraneo, durante su última campaña publicitaria. La verdad es que Ricky no necesita de la Junta de Turismo para expresar su orgullo de puertorriqueño. Después de todo, Puerto Rico es una isla bella y allí los puertorriqueños lo quieren y lo tratan como a un príncipe. Cuando empezó la promoción de su álbum en inglés, Ricky insistió en que su país fuera el primero en saborearlo e hizo los preparativos para dar allí la primera conferencia de prensa. Ricky voló en un jet privado de Miami a Puerto Rico. Al llegar, un helicóptero lo dejó en el tejado del hotel Ritz Carlton. El Ritz queda a sólo unos minutos del aeropuerto y su vuelo le tomó menos de un minuto. Este trato solamente se le ofrece a los presidentes y dignatarios gubernamentales. Y ¿por qué no? Al fin y al cabo en este momento Ricky es el embajador latino ante el mundo. Ricky pertenece a la realeza. ¿Por qué no ofrecerle todos los privilegios de un verdadero príncipe? Es el boricua más orgulloso de serlo que afirma sin prejuicios: "Yo soy Puerto Rico". Unas de sus metas es hacer que todos alrededor del mundo sitúen Puerto Rico en el mapa. Vamos a ayudarle.

UNA BREVE LECCIÓN DE HISTORIA

Bueno, chicas y chicos, a aquellos que no conozcan la historia de Puerto Rico (aunque debería figurar en los libros de historia de los Estados Unidos) déjenme darles una breve lección sobre una cultura singular.

Primero que todo, el nombre original de esta isla de 130 millas cuadradas, situada en el Caribe, era Borinquen, antes que el 19 de noviembre de 1493, Cristóbal Colón la conquistara en nombre de España en su segundo viaje y la llamara San Juan Bautista. Es por eso que quienes nos sentimos orgullosos de nuestros antepasados indios nos llamamos "boricuas". Sus habitantes originales eran los indios taínos, un pueblo agrícola que fue exterminado por los españoles. Una vez aniquilada la población nativa, fue reemplazada por esclavos africanos, los cuales trabajaban en las haciendas azucareras. Es por esto que existe hoy en día gran diversidad étnica en la isla. Durante los siguientes 300 años este "puerto rico' fue codiciado por piratas ingleses y holandeses que navegaban por las aguas del Caribe. Pero los españoles gobernaban con mano de hierro. En el siglo XIX muchas rebeliones fueron rápidamente reprimidas, aunque se produjo un serio alzamiento, conocido como "El Grito de Lares", en 1868. La esclavitud fue abolida en 1873 y la isla finalmente obtuvo autonomía en 1897.

Con el Tratado de París, firmado el 10 de diciembre 1898, al final de la guerra de España contra los Estados Unidos, Puerto Rico pasó a ser parte de este último país. En 1900 el congreso de los Estados Unidos estableció un gobierno civil en la isla, y en 1917 concedió la ciudadanía a los puertorriqueños, como una manera de resolver los muchos problemas económicos y sociales de la sobrepoblada isla. Durante la Segunda Guerra Mundial (1939–1945) la isla sirvió de base militar estadounidense. En la década de los 50 muchos puertorriqueños emigraron a los Estados Unidos.

Desde entonces y hasta el día de hoy existe una controversia política entre quienes quieren que Puerto Rico se convierta en otro estado de los Estados Unidos y quienes desean su independencia.

Pero, política aparte, una de las cosas que no se deben olvidar es que los puertorriqueños han hecho valiosas contribuciones a los Estados Unidos, especialmente en lo que se refiere a la cultura, la música, las costumbres y, por supuesto, la cocina. Ricky seguramente habrá saboreado muchos de estos bocadillos criollos cuando se criaba en Puerto Rico:

- *Surullos* – especie de tacos con queso, fritos en aceite, servidos con mojo de ajo.
- *Bacalaito* – fritura de bacalao con harina de trigo.
- *Alcapurria* – pastel de masa de guineos verdes, yuca o calabaza, relleno de carne, cangrejo o camarones y rociado con achiote.
- *Mofongo* – plátanos verdes majados con chicharrones y servido con mojo de ajo.

Uno de los más famosos restaurantes de la isla es Ajili Mojili, en San Juan. A Ricky le encanta la comida que cocinan allí, pues le recuerda a la de su abuelita. Tanto le gusta que convenció a uno de los cocineros del Ajili Mojili y a otros socios y, en diciembre del 1998, inauguró Casa Salsa, el primer restaurante puertorriqueño en South Beach, Miami, en la lujosa avenida Ocean Drive. Ahora Ricky puede sentir —y saborear— un poco su isla cuando se encuentra fuera del país. "Cuando viajo por el mundo, me hace falta la isla. Cuando se presentó la oportunidad de unir fuerzas con otros puertorriqueños negociantes para abrir un restaurante que reflejara y recreara —a través de la comida, la atmósfera, el sabor— lo que es Puerto Rico y lo que ofrece, aproveché la oportunidad", dijo Ricky en la ceremonia de inauguración del restaurante.

La noche en que Casa Salsa abrió sus puertas, muchos de los personajes más famosos y cotizados del campo de la música y el cine fueron invitados, entre ellos Gloria y Emilio Estefan, Cameron Díaz, Jennifer López, Al Pacino y Carlos Ponce. Al saludar a sus amigos, Ricky dijo: "Bienvenidos a su casa. De hoy en adelante ésta será una esquinita representativa de Puerto Rico. Sencillamente deseaba traerles a ustedes mi país y su cultura. También quería que la gente de las diferentes culturas del mundo que pasan por Miami disfrutaran un poco de mi tierra".

Los invitados tuvieron el placer de comer platos típicos del país: pernil, que siempre se cocina en las festividades puertorriqueñas, arroz con pollo y muchos de los bocadillos mencionados anteriormente. La comida fue servida por mozos vestidos con los trajes tradicionales de Puerto Rico. Y, por supuesto, el entretenimiento fue fabuloso y satisfizo las ganas de bailar y de reducir las calorías de estos platos tan deliciosas comidas.

Aunque a Ricky le gustaría estar siempre en Casa Salsa, muy rara vez puede hacerlo, pues casi siempre tiene que estar en otros sitios, promocionando sus canciones, su isla y las organizaciones de caridad que él representa.

En Japón, por ejemplo, *María* fue la canción utilizada para la campaña publicitaria en televisión de Suzuki, campaña que coincidió con el lanzamiento en ese país del álbum *Vuelve*, por parte de Sony Music. Desde los tiempos de Julio Iglesias ningún cantante latino había tenido tanto éxito en Japón. En México, la canción principal de *Vuelve* fue escogida como tema de la telenovela *Sin Ti*. Para Pepsi, Ricky representa la *GeneratioNext* (la próxima generación). Además apareció en un comercial en Brasil con la supermodelo Valeria Mazza, en 1997, y en el futuro lo hará nada más ni nada menos que con la mismísima Janet Jackson.

Aparte de promover motocicletas y refrescos, la industria de la moda también ha flirteado con él, pues los seis pies dos pulgadas de su armonioso físico lo convierten en un modelo cotizado. El famoso diseñador italiano Giorgio Armani le pidió que modelara sus trajes en su próxima campaña y probablemente vaya a incluirlo en el desfile de modelos de su próxima

colección. Hace poco la foto de Ricky apareció
en las caja de los Con Flakes de Kellogg's, como
parte de una campaña para recolectar fondos
para el Proyecto Amor de Puerto Rico, organi-
zación local que ayuda a los niños pobres y en la
cual Ricky está involucrado.

Sin embargo Ricky no presta su nombre a
todos los proyectos que se le presentan. Entre
los proyectos en los que se negó a participar
está la película *La Máscara del Zorro*, en la que
actuaba Antonio Banderas. Originalmente los
productores y el director musical James
Homer, compositor de la música del super éxito
de taquilla *Titanic* (¿reconoces esta peliculita?)
escogieron a Ricky para que cantara la canción
del Zorro. Sin embargo, los ejecutivos de
Columbia Records (C2), compañía que dis-
tribuye los discos de Ricky Martin, le aconse-
jaron no grabar la canción principal de la
película, pues pensaban que no estaba dentro
del estilo de Ricky y perjudicaría el lanzamiento de su primer álbum en inglés. Pues
bien, el honor de cantar la canción de Homer
correspondió entonces a otra superestrella
boricua, Marc Anthony, quien grabó en dúo
con la estrella australiana Tina Arena la balada
romántica *I Want to Spend my Lifetime Loving You*
(Quiero Pasar Toda la Vida Amándote).

Ricky también atrajo la atención del productor y director puertorriqueño, Marcos Zurinaga,
quien dirigió en Hollywood a Andy García en la

película *Muerte en Granada*, sobre la vida del famoso poeta español Federico García Lorca. Zurinaga anunció públicamente su deseo de incluir a Ricky Martin en una película norteamericana. Aunque Ricky niega tener interés en el cine y afirma estar "totalmente comprometido con la música", es muy posible que algún día decida actuar en una película. *CBS This Morning* se lo preguntó durante una entrevista, y él respondió: "Si me pusieran una pistola en la cabeza y me obligaran a escoger entre la actuación y la música, ¿qué elegiría? Definitivamente la música. La música me ofrece la oportunidad, tú sabes, de estar frente a la audiencia en vivo y sentir su reacciones. Necesito la reacción inmediata, siempre la he necesitado".

Aunque asegura que la música es su primer amor, corre el rumor de que una vez confesó a su amigo David de la Orta que le gustaría ganarse un Óscar antes de cumplir los 30 años. ¿Por qué no? Quizás tenga suerte. Durante la entrevista con *Billboard* aseguró enfáticamente: "Mi álbum es mi prioridad", pero terminó la frase diciendo: "Claro que si me ofrecen un papel con Demi Moore, quizás lo tenga que pensar". Y para confundir aún más a sus admiradores, le dijo a *USA Today*: "Quizás a finales del año 2000 ustedes puedan verme en una película".

Hay que mantener a la gente siempre intrigada, ¿verdad Ricky?

13

¿Alguien Quiere Jugar Al Fútbol?

María no es la única canción que Ricky Martin va a cantar durante el resto de su vida. Más de dos mil millones de personas vieron su presentación de *La Copa de la Vida*, vía satélite, durante las ceremonias de clausura de la Copa Mundo en París, en julio de 1998. La muchedumbre gritaba desaforadamente mientras él cantaba en tres idiomas: español, francés e inglés. La canción ha vendido más de 10 millones de copias y ha permanecido en la lista de sencillos del *Billboard's Hot 100* aún más tiempo que *María*.

Los responsables de la Copa Mundo eligieron a Ricky para interpretar la canción principal del evento porque para ellos él representaba los ideales del famoso torneo expresados en música. Aunque Ricky no juegue a ese deporte, ya que prefiere el *surfing* y escalar rocas, sí animó al equipo de los Estados Unidos. Cuando se le preguntó por sus destrezas en el fútbol, admitió: "Juego muy mal al fútbol. Mejor dicho, es la pelota la que juega conmigo". Sin embargo, reconoce que el fútbol es un verdadero fenómeno internacional que une al mundo entero y da mucho placer a sus aficionados.

Pero esta no fue la primera vez que Ricky interpretaba una canción para una multitudinaria competencia deportiva. En 1996 grabó un tema para los Juegos Olímpicos de Atlanta. Se llamaba *Puedes Llegar,* y el álbum, producido por EMI Latin, se titulaba *Voces Unidas*, y también incluía a Gloria Estefan, quien interpretó *Reach*, la canción principal de los Olímpicos.

En febrero de 1998, al salir a la venta *Vuelve*, Ricky dijo a *Billboard* que el sencillo *La Copa de la Vida* sería una canción que podría hacerle dar la vuelta al mundo.

Entretanto, sin él darse cuenta, había otros que trataban de aprovecharse de la canción para llegar a audiencias más amplias. El gobernador de Puerto Rico, Pedro Roselló, explotaba la canción para reforzar su campaña política. El verso que canta Ricky, "tienes que pelear por una estrella", parecía hecho a la medida para la plataforma del partido político de Roselló, el

NPP (Nuevo Partido Progre-sivo), que busca que Puerto Rico se convierta en otro estado de los Estados Unidos. Y la repetición del estribillo "luchar por ella" era perfecto para acentuar el deseo de convertirla en otra estrella de la bandera norteamericana. Roselló incluso hizo imprimir calcomanías con la frase. Y aquí está el problema: Ricky nunca autorizó a Roselló para que utilizara la canción. En la isla corrieron rumores de que Ricky apoyaba a Roselló, porque los periódicos locales habían publicado una foto suya entregando al gobernador una copia de su disco *Vuelve* en una conferencia de prensa realizada en Brasil. Pero Ricky no había dado nunca su autorización para que se utilizara la canción. Ángelo Medina, director artístico de Ricky, reforzó este mensaje cuando declaró a *Billboard*: "La música no toma partido. Pertenece a todos". A los ejecutivos de Sony tampoco le gustó la explotación de la canción para fines políticos y la compararon a la campaña electoral de Ronald Reagan, cuando utilizó la canción *Born in the USA* de Bruce Springsteen. Pero no había mucho que la compañía pudiera hacer, pues Roselló no hizo nunca una grabación. Desmond Child, quien co-escribió la canción, insistió en que ésta trata únicamente de la unidad del mundo y de la Copa Mundo. "No buscábamos apoyar a ningún político", dice. "Fue escrita sólo para la Copa y en aras del espíritu deportivo".

La polémica con Roselló, sin embargo, obviamente no afecto la trayectoria de Ricky hacia un reconocimiento internacional. *La Copa de la Vida* llegó hasta las regiones más remotas del mundo: Japón, India, Corea, Tailandia. Y desde entonces Ricky no ha dejado de estar en movimiento constante, haciendo giras, dando presentaciones y, cómo no, preparando también su quinto álbum. Y en todo ha tenido un éxito fenomenal: *Vuelve* ha obtenido el disco platino en 21 países y vendido más de 6 millones de copias en todo el mundo, incluso en países que no hablan español, como Australia, Turquía, Suiza, Italia, y Taiwan.

Por supuesto, los norteamericanos realmente no se subieron al tren mágico hasta la noche de los Grammy, unos seis meses después. Pero han sabido compensar desde entonces: la semana que siguió a la presentación de *La Copa de la Vida* en los Grammy, las ventas estadounidenses de *Vuelve* aumentaron en un ¡500%! Incluso en sitios remotos como Salt Lake City, donde se conoce más el sonido de los Osmond que el de la música salsa, el disco desapareció de las tiendas.

Resulta extráno pensar que *Vuelve* salió en febrero de 1998—casi exactamente un año antes de los Grammy—y que permaneció en el primer lugar de la lista del *Billboard Top 50* durante 22 semanas consecutivas sin que se enterara la mayor parte de los norteamericanos no hispanos. Hasta entonces, incluso celebridades del mundo del espectáculo como Rosie

O'Donnell y Puff Daddy desconocían por completo la inmensa repercusión que había tenido la canción en todo el mundo. A *Vuelve* se la ha aclamado por su increíble profundidad, que parece trascender el año e incluso la década misma en que fue escrita. O para expresarlo en la jerga *hip-hop* de Puffy: la canción es de la vieja escuela con un toque de la nueva escuela. Y ¿a quién no le encanta eso?

Quienes están cerca de Ricky todos los días saben que en este momento se encuentra artísticamente enfocado. Uno de sus productores, K.C. Porter, dijo al *Los Angeles Times*: "Ricky es alguien que ha dado los pasos necesarios para llegar al verdadero arte y ha sabido tocar su esencia más íntima, tanto musical como filosófica". Con su carisma, estilo y determinación excepcionales, Ricky Martin ha capturado la atención del mundo y sigue haciendo vibrar nuestros corazones con su música sabrosa y sus apasionadas presentaciones. "Esta noche voy a dejar mi alma en este escenario", ha sido su frase inicial en muchos de sus conciertos. Sus rasgos perfectamente formados, su físico musculoso y su brillante sonrisa Mentadent ayudan también a que su música avance. La combinación es avasalladora y los ingredientes están bien mezclados. ¡Ricky es sabrosura!

Ahora Ricky estaba listo para soltar la verdadera bomba: su primer disco en inglés. Y el momento no podía ser mejor.

14

Los Estados Unidos Debe Reconocerlo

Los Estados Unidos siempre ha sido un mercado difícil, especialmente para los artistas latinos. Pero desde el principio, Ricky ha estado seguro de que podría abrir la puerta. En 1985, en los antiguos días de Menudo, un joven e inteligente Ricky le decía al *Chicago Tribune*: "Si solamente hacemos discos en español, ¿cómo van a entender las muchachas norteamericanas el mensaje de nuestras canciones?" ¡Fue como si lo estuviera leyendo en una bola de cristal! *Reaching Out* fue el primer éxito de Menudo en los Estados Unidos, con más de 500.000 copias vendidas en un año. ¡Y eso pasó hace quince años!

Es una lástima que, para disfrutar de una canción, los norteamericanos necesiten entender cada una de las palabras que se cantan. Pero últimamente, el mercado de EE.UU. está empezando a comprender algo que los latinos, europeos y gentes de rincones remotos del mundo que no hablan inglés ya sabían: la música no es algo para *entender* sino para *sentir* dentro del alma. ¡No se necesita saber ni una palabra del idioma para gozar de la poesía pura de una canción! Y durante toda su carrera, Ricky siempre ha mantenido la filosofía boricua. "Puerto Rico es una isla de muchas culturas: africana, europea, y cómo no, latinoamericana. Nosotros somos muy apasionados, muy intensos, y eso se refleja en mi música", explicó al *The Straits Times*, un periódico de Singapur. Y si los ciudadanos del Lejano Oriente y de todo Europa pueden disfrutar de Ricky, ¿por qué no los norteamericanos?

Para Ricky es sumamente importante mantenerse fiel a sus raíces, ya que eso le ayuda a traspasar las barreras culturales. Si hay algo que no soporta es la ignorancia cultural. Él se toma en serio su papel de Embajador Hispano ante el Mundo. "Tengo mucha suerte. Mi carrera me permite viajar a diferentes países y llevarles mi música. Quiero crear y tengo que crear este tipo de ritmos. Oye, soy latino, llevo ese ritmo en la sangre", dijo a *La Música News*.

Tiene razón. Ese movimiento suave de sus caderas sólo existe en la sangre boricua. No se explica de otra manera. Pero aquellos que apenas empiezan a conocer los ritmos sensuales y apasionados que se encuentran en la música latina (en otras palabras, aquellos que no pueden distinguir la *salsa* de la *samba*), no tienen por qué preocuparse, ¡aquí les ayudaremos! A continuación presentamos un glosario breve de los ritmos caribeños y latinoamericanos que cada aficionado debe conocer. Además, se incluyen nombres de otros artistas, en caso de que se desee conocer estos ritmos más a fondo. Así podrás aprender algo nuevo e impresionar a tus amigos.

GLOSARIO DE LOS RITMOS LATINOS

RITMO	DESCRIPCIÓN	CANCIÓN/EJEMPLO DE ARTISTA
Batucada	Uno de los estilos más populares de samba. Las melodías tienen cantos con gritos y respuestas, y marchas de centenares de cantantes y bailarines formados en "escuelas de samba" y acompañados por grupos de percusionistas que tocan congas, pitos, etc. Es la música del Carnaval de Río de Janeiro.	"María" (nueva versión) y "La Copa de la Vida", de Ricky
Bolero	Ritmo de finales del siglo XVIII, cuando se lo consideraba el baile nacional de España. También emigró a Cuba. En el bolero, los bailarines dan vueltas rápidas y pasos complicados en ritmo sincopado. Movimientos garbosos de brazos y manos complementan los pasos.	"Casi un Bolero"…es casi uno, según Ricky. Pero Luis Miguel lo hace realmente bien en sus álbumes titulados *Romance)*

Ritmo	Descripción	Canción/Ejemplo de Artista
Bolero (cont.)	Movimientos garbosos de brazos y manos complementan los saltos y patadas. Los bailarines son acompañados por una guitarra, y a veces los intérpretes cantan y tocan las castañuelas. Tiene un sentimiento romántico y de ensueño.	
Bomba	Cantos y bailes de origen afroboricua, tradicionalmente asociados con los trabajadores de las plantaciones puertorriqueñas. Recibe este nombre por un tambor grande cubierto de piel de cabra que se llamaba la 'bomba' que siempre acompañaba esta música. Las canciones son improvisadas y tienen un estilo de llamada y respuesta.	"La Bomba" de Ricky, claro. Pero el boricua William Cepeda es el maestro de la bomba y la plena.

RITMO	DESCRIPCIÓN	CANCIÓN/EJEMPLO DE ARTISTA
Cumbia	Es el estilo más popular de música colombiana. Reúne los sonidos de los indígenas colombianos con la música africana llevada a América Latina por los esclavos. Por lo general está acompañada de acordeón.	Cualquier disco de la Sonora Dinamita o de Carlos Vives
Flamenco	Canciones tradicionales de los gitanos de Andalucía, al sur de España. Tiene influencias árabes y de África del Norte. El instrumento más popular no es la castañuela, sino la guitarra, que acompaña, con ritmos muy apasionados y rápidos, melodías que reflejan sus influencias árabes. Las canciones y bailes van acompañados por *jaleo*: palmadas, chasquido de los dedos y cantos.	"María" (original); "Lola, Lola", de Ricky; cualquier disco de los Gipsy Kings

Ritmo	Descripción	Canción/Ejemplo de Artista
Mambo	Estilo de baile y música afrocubana que mezcla las técnicas de jazz de las grandes bandas con la vitalidad rítmica de la música cubana. Se añaden congas e instrumentos de metal para producir un sonido más fuerte.	Lo hizo popular Tito Puente, el actual Rey del Mambo
Merengue	Estilo de baile rápido, con ritmos sincopados, originario de la República Dominicana e introducido en Puerto Rico y en los Estados Unidos durante los años 30; por lo general va acompañado de acordeón, trompetas y una *tambora*. El cantante toca el güiro.	Escuche a la merenguera boricua Olga Tañón, una de las más populares, o, para algo nuevo, oiga al Grupo Heavy, muy sexy.

Ritmo	Descripción	Canción/Ejemplo de Artista
Plena	Balada folklórica puertorriqueña, acompañada de guitarras, güiros, maracas y congas, por lo general presentada por un grupo de tres "panderos", otros instrumentos de percusión y armónica o guitarra.	"Marcia Baila". Vea también la *bomba*, pues usualmente los dos ritmos van juntos
Rumba	Estilo de música de baile de orígenes folklóricos afrocubanos, dentro de las tradiciones africanas de cantar y tocar los tambores. Su ritmo "rápido-rápido-lento" se llama la *clave*; su característica son los movimientos lado-a-lado de las caderas. En las tabernas cubanas, la acompañan instrumentos musicales caseros, como cucharas, ollas y botellas. Este estilo	Piense en "Babaloo", de Desi Arnaz y en los sonidos de las grandes bandas cubanas. Pero hoy día el grupo más popular es Los Muñequitos de Matanzas

Ritmo	Descripción	Canción/Ejemplo de Artista
Rumba (cont.)	fusiona la influencia latina con el jazz al usar intrumentos originales como las congas, bongos, palos y otros instrumentos de percusión, lo que permite un sonido cubano más auténtico.	
Salsa	Es un híbrido de sonidos afrocubanos, afroboricuas y caribeños, mezclados con jazz latino. Hay muchos cantos improvisados que se llaman *soneos*. Normalmente esta música la toca una banda de entre 8 y 10 músicos. Incluye uno o dos cantantes principales, instrumentos de metal (especialmente el trombón), piano, bajos, congas, timbales, bongos y otros instrumentos de percusión.	Celia Cruz es la reina indiscutible de la salsa. Pero para conocer los sonidos un poco más modernos, escucha a Víctor Manuelle

RITMO	DESCRIPCIÓN	CANCIÓN/EJEMPLO DE ARTISTA
Samba	Originalmente, *samba* fue un término genérico para un grupo de bailes brasileños de origen africano. La versión más popular, llamada *batucada* (ver más arriba), es la más rápida y sincopada; se acompaña de instrumentos de percusión y es cantada por un solista y coro. Se baila en grupo.	Si quieres saber cómo lo hacen los gringos, escucha el álbum *Red, Hot & Río*, con artistas como Sting & George Michael. Pero el verdadero maestro es Sergio Mendes.

Entonces, ya lo sabes: No sólo es *La Bomba* uno de los éxitos más bailables del disco *Vuelve*, sino además un ritmo típico de Puerto Rico. Según Ricky, el término "La Bomba" también puede aplicarse a una chica, a una fiesta, a una bebida . . . a cualquiera cosa que te haga mover.

Y *La Bomba* de Ricky no se debe confundir con *La Bamba*, la canción folklórica mexicana que Ritchie Valens interpretó con ritmo de rock en 1958. A propósito, Ritchie fue el primer latino en lograr un gran éxito en el mercado estadounidense. Por desgracia su vida se apagó prematuramente en un choque de avión y no pudo alcanzar lo que quería. (También resulta un poco aterrador pensar en las veces que Ricky se ha librado por un pelo de morir en un accidente aéreo).

Después de Ritchie, empero, el mercado anglo sólo se abriría a cantantes latinos treinta años más tarde, con Julio Iglesias, superestrella internacional, cuyos discos todavía mantienen los récords más altos de ventas. En 1989, Iglesias ganó el premio Grammy por su álbum *Un hombre solo*. Y ahora, una década más tarde, cabe preguntarse, ¿podría ser Ricky Martin el próximo latino en llevar la corona? Todo parece indicarlo.

La vida de Ricky después de los Grammy en los Estados Unidos ha sido un exposición alucinante en los medios y un constante bombardeo musical. Apareció en *Saturday Night Live*, el programa *Today*, en *Total Request Live* de MTV, en

The Rosie O'Donnell Show, FANatica de MTV y *The Tonight Show*. ¡Todo en el mismo mes! Pero, ¿es todo a causa del Grammy? Ricky no lo cree así. "Sí, mi vida cambió. Pero no le voy a atribuir al Grammy todo el mérito por lo que ha sucedido conmigo en estos meses, pues son muchos años de carrera y mucha dedicación y disciplina", dijo a la prensa puertorriqueña. "El premio aceleró el proceso, pero la vida es perfecta y todo se iba a dar de una forma u otra. Puedo decir que me ha dado la oportunidad de trabajar con gente como Sting, Elton John, Pavarotti y Madonna".

Una de las oportunidades a las que Ricky aludía fue su presentación en vivo en el noveno concierto benéfico anual para la Fundación Selvas Tropicales. Ricky tuvo la oportunidad de colaborar con algunas de las figuras más grandes de la música moderna del momento, al mismo tiempo que apoyaba una buena causa. El concierto fue presentado en el Carnegie Hall, por Sting y su esposa, Trudie Styler, y participaron artistas como Tony Bennett, Billy Joel y Don Henley. El tema de la noche fue el homenaje al legendario Frank Sinatra. Así que cada artista invitado tuvo que interpretar una de las canciones de Frank. Aunque el nombre de Ricky fue impreso claramente en el programa, él no fue presentado con el resto de los artistas al principio, ni se lo mencionó antes del intermedio. Era como un postre riquísimo del que nadie hablaba pero todos esperaban.

Al principio del segundo acto, Sting le hizo una larga presentación, que incluía una anécdota en la que contaba cómo su esposa, que le había sido fiel durante 17 años, se había transformado, durante los Grammy, en una jovencita y se había ubicado frente al escenario durante la ya famosa presentación deslumbrante de Ricky. Mientras Sting contaba la anécdota, gritos efusivos resonaron en vestíbulo del tradicionalmente austero Carnegie Hall. En tanto, los miembros más jóvenes del auditorio no podían de la impaciencia por verlo aparecer.

Y finalmente sucedió. Ricky entró al escenario vistiendo un traje gris holgado, corbata y sombrero de fieltro. En el verdadero estilo Broadway de sus antiguos días de *Les Misérables*, levantó la cabeza, hizo brillar su sonrisa de marca registrada y empezó a cantar la canción clásica de Cole Porter, *World on a String*, que también había cantado Frank Sinatra. Luego de dos minutos, Ricky y la orquesta de 36 instrumentos que lo acompañaba dieron un giro ingenioso a la canción, poniéndole un toque de mambo. En aquel momento, Ricky Martin se pareció extraordinariamente a Ricky Ricardo. Mientras cantaba la nota final, lanzó el sombrero a la muchedumbre. Luego del aplauso, Ricky se calmó, y, con humildad, entregó a el micrófono a Elton John, de quien dijo, con una reverencia, que era uno de sus propios ídolos e inspiradores.

La aparición de Ricky imprimió un sentimiento más joven a la noche llena de antiguas estrellas. Además fue el único artista masculino, además del señor Elton, que se cambió la ropa durante la presentación. Antes de regresar al escenario para acompañar al grupo en el gran final de *New York, New York*, se puso un traje negro, pero sin corbata. El hombre que había causado un revuelo en el Carnegie Hall ahora cantó la frase *If I can make it there, I'll make it any-where* (Si puedo lograrlo allí, lo lograré en cualquier sitio). La muchedumbre se animó mientras él lanzaba otro sombrero (éste, negro) al auditorio. Era evidente que esa noche, a punto de lanzar de su primer álbum en inglés, Ricky en verdad lo había logrado en Nueva York.

Entonces, ¿era todo esto parte de un plan maestro? Claro que sí. Desde mucho antes de los Grammy, Ricky Martin había decidido conquistar los Estados Unidos, y ¿cómo mejor que con un disco en inglés? Este proyecto había sido planeado desde 1996. Ricky sabía que todo dependía de hacer las cosas en el momento justo. Su quinto álbum es su primero en inglés. Y, curiosamente, el quinto tiene el mismo título que el primero: simplemente *Ricky Martin*, como si estuviera partiendo de cero. Y de cierta manera así es. Sin embargo, pocos artistas al inicio de una nueva etapa en sus carreras reciben tanta atención por parte del público.

Desde su triunfo en los Grammys, en febrero 1999, no se habla de otra cosa: Ricky y

Madonna. Ricky y el Papa. Ricky y Rosie. Ricky en MTV. Ricky en *Saturday Night Live*. Ricky y Pavarotti. Ricky y Sting. Todo es un gran crescendo que lo llevará al gran día de mayo, cuando lance *la bomba verdadera*. Y ¡ten cuidado! Con sus caderas cadenciosas, su ropa ajustada, sus dientes brillantes y sus ojos relucientes, ¡Ricky te va a arrollar!

Su más reciente álbum fue producido por el siguiente grupo de empresarios musicales, a los que Ricky llama su *dream team*:

• Emilio Estefan, Jr. (sí, el marido de Gloria Estefan), quien participa en casi cualquier proyecto latino en estos momentos.

• Desmond Child, cuya lista de éxitos incluye canciones compuestas para Bon Jovi y Aerosmith. A pesar de su experiencia mucho más en el estilo metal, Child, que ha nacido en Cuba, está "muy conectado a los sonidos latinos", según Ricky.

• William Orbit, el inglés desgarbado que produjo el álbum *Ray of Light*, de Madonna, que ganó el premio Grammy, así como el dúo de Ricky y Madonna.

• K.C. Porter, quien ha colaborado con Luis Miguel y Selena y ayudado a artistas de R&B como Boys II Men y Janet Jackson en sus éxitos en idioma español.

• Y por supuesto, no podemos olvidarnos de su amigo del alma, Robi Rosa, el hombre con muchos apodos, que tiene el toque de Midas cuando se trata de componer sencillos de éxito.

Con este equipo poderoso y mágico respaldándolo, el álbum *Ricky Martin* está destinado a triunfar en grande. "Ricky ha llegado a un punto en que se distingue por su sonido inigualable", dice Child. "Y no hay nadie que se le compare".

Con cada álbum, Ricky parece alejarse más y más del pop chicle prefabricado del pasado, y, como una serpiente que cambia de piel, cada vez se quita otra capa de la imagen de Menudo que le ha atormentado durante los últimos quince años.

El primer sencillo de su disco más reciente, *Livin' La Vida Loca*, salió más sexy que nunca, con mucha fuerza y sin pedir disculpas. Además, el video pega muy fuerte y sacude las mentes del público. La canción se posicionó en el número 54 en la lista de *Billboard* y alcanzó el primer lugar a finales de abril de 1999. Si Ricky fue cauto al principio de su carrera, ya no lo es más. Hoy día está listo para irrumpir en el mercado anglo sin perder su sabor auténtico.

"No he cambiado mi sonido", aseguró a *People en Español*. "Las congas y los timbales estarán siempre allí". Y al periódico *El Nacional* agregó: "Lo único que cambia en este disco con relación a los anteriores es el idioma. Las canciones siguen teniendo el mismo estilo y el mismo sabor afroantillano de siempre".

También están allí las baladas románticas, que no dejan de robar el corazón de las mujeres. Y por supuesto, no podemos olvidar que el álbum incluye el dúo con Madonna. Además hay algo muy fresco: Ricky sigue el camino del *hip-hop* al incluir una nueva versión de *Livin' La Vida Loca*, grabada con unos de los latinos más populares de hoy: Big Pun, Fat Joe y Cuban Link. De veras, esto marca un salto de la escena pop a una arena más urbana y de ba-rrio. "Estoy haciendo una fusión de géneros", explica Ricky.

Entonces, ahora que conoces su pasado tanto como él mismo y sabes lo que las constelaciones nos dicen de su futuro, sola-mente queda una cosa por ver: ¿Dónde estará Ricky la víspera del año 2000? Si eres aventu-rera, búscalo en los Himalayas—aunque dudo que puedas localizarlo sin un "sherpa"—donde pasará el Año Nuevo en meditación profunda. Al fin y al cabo el caballero necesita un poquito de tranquilidad antes de emprender la locura de embarcarse en otra agobiante gira mundial, programada para febrero. Y, por supuesto, la gira comenzará, como siempre, en su querido Puerto Rico, dónde empezó todo para Enrique José "Kiki" Martin Morales.

La aventura apenas empieza, muchachos, así que agarren bien sus sombreros y tengan cuidado... ¡porque Ricky acaba de voltear todo al revés y a dar vueltas a su vida loca a la máxima velocidad!

Ay, qué suave!

Ricky at the start of his career . . .
(©1984, Pablo Grosby/Star File Photos)

Ricky al principio de su carrera . . .

. . . and with his first bandmates, Me
A *papi chulo* even then. (©1987, Star File P

. . . y conjunto con su grupo, Menud
papi chulo aun entonces.

Admired everywhere for his good taste, Ricky opens his first restaurant in South Beach, Florida. (©1998, Larry Marano/London Features)

Admirado por todas lugares por reconocerse lo sabroso, Ricky estrena su primer restaurante en Miami en la famosa Playa del Sur.

Here Ricky muscles his way into the acting biz with a starring role on *General Hospital.* (©1993, Barry King/Shooting Star)

Ricky se explota su cuerpo musculoso para lograr un papel en la pantalla del *General Hospital.*

La Vida Loca indeed! Ricky salutes his fans. (©1998, Evan Agostini/ Gamma Liaison)

¡La Vida Loca Verdadera! Ricky le saluda a sus aficionados.

It's more than puppy love as thousands wait to meet the red hot singer at the Virgin Megastore CD signing in New York City. (©1998, Joy Scheller/London Features)

Con mucho cariño, sus aficionados le encanta a Ricky . . . y Ricky le abraza.

Right back at you, chico! (©1997, Stephane Cardinale/Sygma)

¡Y te saludamos chico!

Revered the world
over for his heavenly
performances . . .
(©1997, Alain Benainous/Gamma)

Admirado por todos
rincones del mundo
por sus presentaciones
maravillosas . . .

. **Ricky rises to** **v heights with** **ry show.** (©1997, hane Cardinale/Sygma)

. **En cada** ectáculo, ky siempre se enda a niveles as nuevas.

His many admirers include Madonna, who recorded the song, "Be Careful," with him for his latest album. (©1999, Ron Wolfson/London Features)

Entre tantos admiradores, Madonna era tan entusiás- mada que insistió que Ricky grabara el duo, "Cuidado con mi corazón."

The musical icon captur[ed] the world's attention du[ring] the 1998 World Cup in France . . . (©1997, B.Bisson/Ph[...] Caron/Sygma)

El icono musical capturó atención del mundo dura[nte] La Copa Mundial de 1998 en Francia.

It's una noche de estrellas at a post-Oscar party at Morton's. (©1999, Andrea Renault/Globe Photos)

Era una noche llena de estrellas a la fiesta exclusiva pos-Oscar al restaurante famoso, Morton's.

. . . And the[n] again at the 1999 Gram[my] Awards cere[-]mony, wher[e] he won for Best Latin P[op] Performanc[e] (©1999, Fitzroy Barrett/ Globe Photos)

. . . Y otra ve[z] al ceremonio [de] los Grammys [de] 1999, donde [se] ganó el prem[io] del Mejor Presentacio[n] de Pop latin[o]